李博音乐名师工作室

一年级的音乐课

主　编◎李　博
副主编◎吴西影　李　敏　宁茜茜

新华出版社

图书在版编目（CIP）数据

一年级的音乐课 / 李博主编. -- 北京：新华出版社，2018.2
ISBN 978-7-5166-3838-5

Ⅰ.①一… Ⅱ.①李… Ⅲ.①音乐课—教学研究—小学 Ⅳ.①G623.712

中国版本图书馆CIP数据核字(2018)第026715号

一年级的音乐课

作　　　者：李　博	
责任编辑：蒋小云	封面设计：三鼎甲

出版发行：新华出版社
地　　址：北京石景山区京原路8号　　邮　　编：100040
网　　址：http://www.xinhuapub.com　　http://press.xinhuanet.com
经　　销：新华书店
购书热线：010-63077122　　中国新闻书店购书热线：010-63072012

照　　排：中版图
印　　刷：河北盛世彩捷印刷有限公司
成品尺寸：170mm×240mm
印　　张：16.25　　字　　数：250千字
版　　次：2021年4月第二版　　印　　次：2021年4月第一次印刷
书　　号：978-7-5166-3838-5
定　　价：50.00元

版权专有，侵权必究。如有质量问题，请与出版社联系调换：010-65211700

寄语：生命因你而动听

《一年级音乐课》是李博老师带领她工作室的成员用一年的时间精心打磨的教学设计。和李博老师搭档近20年，我们彼此认同，合作默契，我自认为很了解她的工作，懂得她的情怀，所以当她让我为他们的作品写几句的时候，我爽快地答应了，并且以为自己会很快完成"作业"，但认真学习了两遍文稿之后，我才发现自己很难动手，因为我不知道从怎样的角度去"表达"，才能表达自己对这些可爱同行最真诚的敬重。无奈李博老师较了真，不时提醒我还有"任务"未完成，加上自己也不好意思因为自身的才尽词穷而耍赖，只能硬着头皮斗胆写写。

李博"名师工作室"的成员，主要是区内小学阶段的一线音乐老师，大多特别年轻，是一群真正的"小伙伴"，他们有干劲，有想法，更有创意，他们侧重的研究领域也主要集中于小学阶段的音乐课堂教学。

至于为什么要首先出品《一年级音乐课》，李博和她的小伙伴们有着鲜明而坚定的态度：一年级，对于学生整个音乐学习过程来说，太重要了！"希望学生的音乐学习能有一个好的开头"，是他们共同的朴实愿望。谁说不是呢？为什么"学生喜欢音乐，但不喜欢音乐课"成了普遍现象？为什么学生学习音乐的时间越长却离音乐越远？为什么我们越是高调地宣称要"让音乐属于每一个孩子"，在学校里却发现音乐成了少数孩子的"特权"？为此，他们深入课堂，进行细致的课堂观察，敏锐捕捉课堂的每一个教育细节；他们贴近孩子，倾听孩子的真实心声，同理孩子的喜乐烦恼和所愿所想；他们彼此观摩，展开激烈的思想碰撞，真诚坦荡"同行相亲"而"不相轻"；他们深刻反思，颠覆固化的教学模式，直面自我的"不合时宜"而勇敢地"洗心革面"；他们大胆创新，创设快乐的音乐课堂，让音乐给予孩子丰富而美好的生命情感；他们积极梳理，沉淀个人和团队的经验成果，让教育的智慧可触摸、可推广……

看到他们的《一年级音乐课》，让我回到了40年前我的一年级音乐课堂：老师拉着手风琴教我们"变着花样"表演；神采飞扬地和全班同学"想唱就唱、唱得响亮"的幸福模样立刻浮现在眼前，那时的音乐课让我们在那个生活贫乏时代的童年，色彩鲜亮，生命鲜活，让我们知道音乐就是好玩的，能为生活增添乐趣情趣和雅趣的。也正是那时候的"一年级音乐课"给了我一个"好的开头"，

一年级的音乐课

让我对音乐的热爱发自内心，让我对音乐学习的努力发自内心，让我对音乐教育的坚守发自内心。当年老师上音乐课的具体细节实在记不得了，但音乐课堂上那种每个小朋友愉悦的参与感、真实的存在感、由衷的幸福感，着实在我的心里烙上了深深的印记，以至于在自己20多年的职业生涯中，让每个学生都能在课堂上"愉悦参与""真实存在""由衷幸福"成了我的职业探求、专业要求和事业追求，感谢老师给了我如此重要的"一年级的音乐课"。

　　一年级的音乐课，应该是什么样？可以是什么样？一千个音乐老师，或许就有一千种看法、说法和做法。在《一年级音乐课》里，我们也很难直接找到一个具体的答案，但是，我们可以从中发现比"答案"更重要的东西：每一个教学内容的解读，都是深入细致心中有人的；每一个教学目标的设定，都是明确具体可达成可检测的；每一个教学环节的安排，都是尊重学生认知特点循序渐进的；每一个课堂活动的设计，都是以把握儿童心理为前提引人入胜的。李博工作室之所以要精心设计《一年级音乐课》，除了希望给孩子学习音乐一个好的开头，还想为更多一年级或新入职的音乐教师提供一种参考或交流探讨的载体，因此，在《一年级音乐课》里，不仅有好学好用好玩的教学方法和策略，更多的是渗透于方法和策略里的对孩子的真诚、细腻、期待、关爱，以及教师自身的那种热忱、从容、智慧、敏锐。换一句话说，他们用这种方式诠释了作为小学一线音乐教师的"理想信念、道德情操、扎实学识、仁爱之心"。

　　也许大家看过有不少关于教育的电影，也会发现不少的影片都是和音乐教育有关的，比如《音乐之声》《弦动我心》《放牛班的春天》《生命因你而动听》等，更会发现音乐在教育中那种力透人心的熏陶、感染、浸润作用。其中最让我印象深刻的是，《生命因你而动听》，在音乐老师霍兰先生的退休仪式上，学生对他深情致敬："因为你，我们才成为更好的人，我们就是您的交响乐！我们就是旋律，我们就是您生命的乐章！"其实，让学生成为更好的人，不正是每一位教师的职业使命吗？学生就是教师生命的乐章，无论朴素还是辉煌，无论平缓还是跌宕，无论清新还是激昂，无论精致还是粗犷，无论简短还是悠长，有哪一个乐章，让人忍心忽视遗忘？又有哪一个乐章，不是动心动情才能酝酿？

　　我们期待，学生的生命乐章，从《一年级音乐课》启奏共鸣；我们更期待，学生的生命乐章，因为我们而更动听！

深圳市龙岗区教师进修学校　肖红春

二〇一八年二月五日

目录 / Contents

【写在前面的话】
谈谈我们的一年级音乐课…………………………………………………………… 1

【七嘴八舌：我说一年级】
谈谈一年级音乐课上的有效方法………………………………………………… 4

一年级音乐　上册教学设计

第一课《我今天上学喽》………………………………………………………… 14
第二课《去同学家》……………………………………………………………… 23
第三课《国旗国旗真美丽》……………………………………………………… 31
第四课《小进行曲》……………………………………………………………… 38
第五课《雁群飞》………………………………………………………………… 45
第六课《在农场里》……………………………………………………………… 48
第七课《听听声音的高低》……………………………………………………… 56
第八课《感知音乐高低（一）》………………………………………………… 70
第九课《到这里来享受音乐》…………………………………………………… 73
第十课《感知音乐力度（一）》………………………………………………… 83
第十一课《感知音的高低（二）》……………………………………………… 91
第十二课《小兔子乖乖》………………………………………………………… 96
第十三课《吟唱古诗词》………………………………………………………… 104
第十四课《学童谣，唱儿歌》…………………………………………………… 114
第十五课《冬天的节日》………………………………………………………… 125
第十六课《春天的节日》………………………………………………………… 137

一年级音乐 下册教学设计

第一课《童谣新唱》…………………………………………………… 146
第二课《感知音的高低（三）》……………………………………… 159
第三课《十个小印第安人》…………………………………………… 171
第四课《律动音乐：向前走》………………………………………… 175
第五课《感知音乐力度（二）》……………………………………… 182
第六课《学唱中外童谣》……………………………………………… 185
第七课《感知节奏（一）》…………………………………………… 189
第八课《音乐中动物的小故事——小鸭和大灰狼》………………… 197
第九课《感知音乐节拍（一）》……………………………………… 201
第十课《小小的船》…………………………………………………… 208
第十一课《感知音的高低（四）》…………………………………… 218
第十二课《到这里来享受音乐（二）》……………………………… 222
第十三课《落水天》…………………………………………………… 230
第十四课《唱唱，跳跳》……………………………………………… 234
第十五课《我要做好孩子》…………………………………………… 238
第十六课《看画听歌——司马光砸缸救人的故事》………………… 244

【写在后面的话】……………………………………………………… 251

【写在前面的话】

谈谈我们的一年级音乐课

李博

一年级音乐课好不好上？对于这个问题从来就有很多不同回答。通过对部分音乐教师的问卷调查，我们在此列举一些比较常见的说法。

一年级音乐课好上，因为：

一年级孩子活泼可爱，在音乐课上有较强的参与意愿。

一年级的音乐教学内容简单，没有太多难点，教学任务好完成。

一年级课堂可以形式多样，游戏与活动都容易开展，师生身心放松。

一年级孩子很少质疑，一般只听指令，师生关系更为融洽。

一年级音乐课不好上，因为：

一年级孩子刚从幼儿园进入小学阶段，很多行为不受约束，注意力难集中，组织教学有一定难度。

一年级孩子的音乐学习习惯养成不是那么容易的，要老师不断提醒与关注，比较费时耗神。

一年级的音乐教学内容简单，如何围绕教材设计内容丰富、形式多样的教学环节，需要老师花大量时间琢磨和查找相关资料。

很多音乐学习的基础都是在一年级开始建立的，所以要格外关注学生的学习情况，很多内容需要反复巩固，需要老师的十分细心。

学生接受能力、理解能力有限，很多时候老师的指令表达，学生不一定明白。

由此看来，一年级音乐课对于音乐老师来说应该属于又爱又愁的范畴。而且很多学校，一年级音乐教师都是由年轻老师担任，甚至是由刚毕业的新入职老师担任。或许大家都认为年纪小的孩子和年纪小的老师配对才是王道吧。其实，越是一年级的音乐教学越具有难度和挑战，需要有一定教学经验的老师才能驾驭。而且一年级的音乐学习基础打好了，将对后续教学的进行产生深远的影响。所以，不要忽视一年级音乐学习的重要性。它绝对不是通常人们想象的那样，嘻嘻哈哈、蹦蹦跳跳、热热闹闹、随随便便就能完成的。

那么一年级音乐课需要注意一些什么细节呢？

一、习惯的养成

习惯的养成包括两类，一为课堂习惯的养成，一为音乐学习的习惯的养成。

1."课堂习惯的养成"也就是要引导学生养成认真听课的习惯。一年级的组织教学是有难度的。有研究表明，6、7岁孩子的持续注意力只在15分钟左右，也就是说40分钟的课堂内，老师要随时关注学生的表现，及时提醒并引导学生把注意力放在学习内容上。那么要求老师要注意两个方面：（1）要注重教学环节的设计，在课堂上要不停的有新任务提出，让学生"有事可干"，注意力自然会集中。一旦出现机械性地重复做一件事情，如：没有任何变化地一遍遍听音乐或一遍遍唱歌，学生就容易分神而导致课堂不好掌控。一年级的教学内容较为简单，因此很多老师会在歌曲学会后反反复复来演唱，有的时候甚至机械性演唱歌曲十多二十分钟，从而导致学生的学习疲惫。（2）要注意课堂评价的方法。针对一年级学生的特性，课堂上要及时给予表扬及提醒，亦可以采用小组评比的方式来抓住学生的注意力。有的老师每节课的小组评比方式都不一样，如：学习《国旗国旗真美丽》这首歌曲的时候，会在黑板上设计每一小组一个小旗杆，每一次表扬都往上升一格小红旗；又如学习《小白兔乖乖》这首歌曲的时候，会在黑板上设计每一个小组一个小提篮，每一次表扬就往里面贴一根小胡萝卜的图片等等。形式多变的评价方式也能促使孩子们注意力更加集中。

2."音乐学习习惯的养成"非常重要，贯穿孩子的一生。其中包括聆听的习惯和歌唱的习惯。（1）关于聆听习惯：音乐是听觉的艺术，孩子们的音乐学习应该是从聆听开始的。我们很多老师喜欢在学生聆听音乐的时候引导学生拍手，跟唱或做其他一些影响聆听的行为。这对孩子感知音乐是有很大影响的，所以我们建议在聆听的时候引导学生安静听，仔细听，带着问题边思考边听。我们要给孩子营造一个安宁的氛围来用心感受音乐，那么孩子长大以后起码在音乐厅观赏音乐演奏的时候也能表现出不一样的音乐素养。（2）关于歌唱习惯：或许是受了相当长时间的群众歌咏的影响，我们很多的音乐教师会要求孩子在课堂上大声演唱歌曲。可是我们要反思，大声喊唱除了会损伤孩子稚嫩的声带以外，还会让孩子无法把握旋律的音高起伏，从唱歌变成喊歌词。音乐教学的核心是审美，是要引领学生感受音乐的美，体验音乐的美，表现音乐的美，创造音乐的美。因此，我们在唱歌时应该引导学生尝试用最恰当的力度、音色、情绪来表现歌曲的音乐性，而不是一味要求学生"大声唱"。这些音乐的学习习惯，要从小开始培养，那么一年级就成了最重要的起始阶段，值得所有音乐教师思索并引起高度注意。

二、教学环节的设计及实施

能不能吸引学生的注意力，提高他们的学习兴趣，完美完成预设的教学目标等等，一切都要看教学环节如何设计及实际操作。教学环节，通常包括导入、新授、总结、拓展几个部分。

（一）导入环节的设计

不管哪个年级的音乐课，导入环节都是非常重要的，一年级更加。导入是整个课堂的开始，有个好的开始，教学便成功了一半。虽然导入只有短短几分钟，但是老师们不要忽视它的作用。针对一年级的音乐课堂，我们可以把本课的重难点提取出来，编成游戏在导入提前解决，如歌曲中的节奏难点、旋律音高上的难点等；我们可以把本课音乐的主题旋律编成律动，在导入通过让孩子们感受来进行提前铺垫；我们还可以把本课的内容通过谜语、故事等方式创设情境，把孩子们引入音乐学习的氛围等等。但是导入切忌过长，只可画龙点睛，不可喧宾夺主。

（二）新授环节

新授环节是课堂教学的主题部分，因为本书会针对具体的内容呈现整个教学环节，所以这一部分不多赘述。只在此提醒音乐教师们，不论是学习歌曲还是欣赏音乐，都一定要循序渐进，层层铺开。设计的每一步都要目标明确，意图清晰。并且，记住要为学生设置不同的任务让他们主动参与到学习当中，而不要机械性地不停重复同一内容。另外，虽然一年级的教学内容相对会比较简单，但是老师们仍需要关注学生的每一步表现，及时发现问题，并将之解决。如何应对课堂生成，是一年级音乐教师的必备能力。

（三）总结及拓展

对于一年级音乐课来说，建议老师每一课都要帮助小朋友们进行总结，养成反思回顾的习惯，做到学习有始有终。拓展环节可以根据教学内容的需要安排合适的活动，但是注意不要时间过长，也不要偏离本课主题。

一年级的音乐课，因为针对的是可爱的小朋友们，所以需要注意的细节很多，要上好一年级的音乐课真的不是一件容易的事情。老师们要在教学实践过程中慢慢摸索，认真总结反思并详尽记录。希望我们的孩子能够在我们的音乐课堂快乐地学习、成长，也希望音乐能成为陪伴他们终身的朋友，引导他们走向真善美的世界。

于 2017 年 10 月 1 日晚

【七嘴八舌：我说一年级】

谈谈一年级音乐课上的有效方法

●深圳市龙岗区阳光小学　林建珍

一年级的孩子天真、活泼、好动，一步迈进了小学，一步还留在幼儿园。音乐课对于他们来说，就是"玩"，唱歌常常乱喊一气。因此，建立音乐课堂常规，培养他们良好的演唱习惯，培养他们良好的聆听习惯，激发他们的学习兴趣，成为一年级音乐课贯穿始终的重点。

一、课堂管理

"无规矩不成方圆"，就算是"玩"，也要有规矩地玩，才能保证教学活动高效完成。所有的指令都可以用音乐代替，比如让孩子起立的音乐，问好的音乐，找同伴的音乐，找乐器的音乐等等。为了使学生能轻松、愉快地上音乐课，多用鼓励的方式使学生表现出良好的品质。努力做到用好的设计抓住学生的注意力。他们都是集中力时间比较短，因此必须把握好课堂的前15分钟，提高课堂的效率。为此我对自己的教学安排做了相关的调整，我通常把师生问候，练声及复习前一首曲目的时间把握在前5分钟。通过简短的导入然后直奔主题，这样一来学生能很好掌握本节课的重点及难点知识。而导入的方式也必须引起学生的兴趣，对于低年级的学生，他们对于动画视频导入，故事导入或者聊天的方式导入都是相当感兴趣。因此说，把握好学生的心理特征，课堂的效率已经可以提高一半。

二、让乐器和舞蹈走进课堂

每逢课上接触到乐器或者舞蹈，学生们都十分感兴趣，但却是老跟不上节奏。乐器和舞蹈在课堂的恰当运用，是可以把课堂的气氛变得最活跃。而且乐器和舞蹈是很好地培训学生的节奏感。对于刚刚接触接触音乐的同学，他们会觉得学习节奏是一大难点，如果只是简简单单叫他们跟着老师来拍掌，这样枯燥的学习是很难调动学生的积极性。因此在某些节奏性强的歌曲中，我会尝试多用乐器来在辅导，先让学生跟着我有嘴和手同时打节奏，并强调嘴和手要一致。

然后我再作乐器示范,,最后每组学生中挑选几位出来表演。通过他们的表演和我的引导,下面的学生很清晰看到台上哪位学生打的是正确,那些是错误的。反复地练习多几遍,学生便很快把节奏和乐器配合起来。而且这样学习节奏,会让他们感到趣味性增强了,学习起来就变得简单。而在某些民族歌曲的学习中,我就会简单介绍该民族的舞蹈手型或脚位,也上按照乐器的方式进行,这样学生就很容易跟着歌曲跳动起来。

三、教学手段灵活多样,激发学生兴趣

在教学中,我一改以往先练声再拍节奏等沉闷的教学方法,而是先让学生听、感受歌曲及猜谜、讲故事等教学手段来激发他们的学习兴趣,如:在《去同学家》这一节研讨课中,我这一课,我让学生多听、多看、多讲,让他们多表演、多参与、多评价。让学生互评。将知识渗透在活动中,激发他们的动力,学生学得轻松,教师教得轻松。特别要多鼓励他们畅所欲言、大胆创新,容许学生有许多不同的答案,课堂气氛自然活跃。除了让学生听、唱、拍、跳,还又让他们编排音乐剧,在编创过程中引导学生,将知识渗透在活动中,激发他们的动力,学生学得高兴、学得轻松,教师也教得开心。教学实验科研化,每月写教学设计、教学反思、实验记录、每月小结和学期总结等,总结出好经验,使学生在有限的课堂四十分钟里,受到音乐美的熏陶。

一年级音乐第四单元《国旗国旗真美丽》,上这课时我主要围绕爱祖国这一主题,通过做国旗,唱国歌,爱国旗这主条线,让学生懂得了国旗是一个国家的标志和象征,把音乐教育的艺术性与思想性完美统一,帮助学生更好地去体验和表现歌曲中所表达的情感,引导学生在歌唱中获得对国旗真切的情感和亲情。音乐是一门情感艺术,作为一名音乐教师,我所考虑的是如何在新的课程标准基本理念的指导下,在音乐教学中抓住音乐学科的情感特点,以"情"为纽带。实现学生"在学习音乐中丰富的情感体验,使得情感世界受到潜移默化的感染和熏陶",从而达到以情育人的目的。从这节课来看,课前的教学理念在课堂上已经真正地转化为教学行为,也达到了课前所制定的教学目标。如"以审美为核心",在课堂上抓住了一个"情"字,从爱妈妈引申到爱国旗、爱国家,最终学生能用丰富的情感去表现歌曲,这无疑是丰富了学生的情感体验,在潜移默化中建立了对国旗,对祖国的挚爱之情。

所以"他山之石,可以攻玉。"自我反思,都是建立在自身的基础上。而许多事情都是旁观者清,所以应该多观摩其他老师的课,学习他们的教学理念,

一年级的音乐课

教学模式，管理班集体的能力等等。并反思自己如果这课是自己上，又将会是如何。这是帮助自己在教学道路成长的一种肥料。在这学期里，我收获了很多。音乐课上并不是简单的弹，唱，跳。它是一项工程，先要规划好如何去建造，然后去架一个框架，再从每个细节去着手，这样才可以使得它变得牢固。

● 龙岗区平湖鹅溪小学　郭志兵

对于活跃在低段教学的我来讲，颇有些感慨，我的校长曾经和我说过："一节好的课，应是课前有一种期待，课中有一种满足，课后有一种留恋。"通过不断的学习和摸索，在我的音乐课堂从以下四方面去践行：

第一：善于激发学生的好奇心，在表演情境中"悟"音乐；
第二：善于激发学生的求知欲，在问题情境中"找"音乐；
第三：善于发现学生的兴奋点，在游戏情境中"玩"音乐；
第四：善于感化学生的仁爱心，在生活情境中"想"音乐；

我喜欢孩子，我喜欢音乐课堂，我喜欢蹲下来讲话，抱起来交流，牵着手教育，每一个孩子都是一粒种子，我愿做阳光，去给他们温暖，我愿做雨露，去给他们滋润，我愿做土壤，去给他们勃勃生机，每一个孩子都是一本深奥的书，我将用毕生的精力去品读每一本书！我将用自己平凡的脚步去走完这光荣而又伟大的历程！路漫漫其修远兮，吾将上下而求索！我深信：总有一天，我用音乐课堂教出一个个活泼快乐的小小"音乐家"！

● 深圳市实验承翰学校　段蓉

▲一年级学生敢于表现

音乐课上我们不再用苛求的眼光审视孩子的艺术水平，我们努力在做的是用鼓励、赞许、赏识的目光做一个好观众，尽量激发其表演潜能。所以孩子们敢于在各种表演活动中大胆表现，他们愿意完成课堂上老师布置得每一项任务，用他们现有的知识面去尽情发挥，尽情创造，真正做到有所体验，有所理解。

▲一年级学生敢于质疑

"不唯书，不唯师"。正因为这个观点，一年级孩子们更敢于站起来对老师提出质疑。有些歌曲里的歌词与范唱不一样，他们一定是第一个站起来告诉老师的。尊重不同的理解，也是对我们老师的一个考验。正因为敢于质疑，孩子们变得爱动脑动手，逐渐发展成为独立、有个性的人。

▲一年级学生敢于评价

鼓励学生善于发现自己的长处，善于欣赏别人的优点，并乐于提出建设性建议。这是我们在课堂上要做到的。"老师，我觉得……""老师，我认为……""他们组演唱时都没有表情……""他们组有一个人没有做动作……"这些小家伙儿不但敢评价而且会评价。

▲一年级学生敢于"翻脸"

当觉得这堂课不吸引他们，或是这位老师上课很没趣时，这群小人儿才不管有没有人听课，说不学就不学，说捣乱就捣乱，然后进入自己的小世界。作为老师抱怨的同时，也请反思自己的课堂设计哪里出了问题。

一句话，一年级的老师真的很辛苦，但也很快乐！

●龙岗区外国语学校　黄裕迪

我毕业之后就在一所小学任教，并且在毫无教学经验下，我被安排任教一年级，回想那时的我可以用四个字来形容——无从下手，首先想到的最棘手的问题就是，一年级的小朋友他们听话吗？好管吗？在多次询问有经验的老教师，以及自身的尝试后，我发现原来没有那么难。

一、与孩子的美好"约定"

一年级的小朋友刚从幼儿园毕业后步入小学，对上课的常规都不了解，所以作为一名音乐老师在第一次上课以及以后每次上课，都要与孩子形成"约定"，比如用音乐问好，用音乐的口令坐端正、保持安静，这样一些看上去简单的口令会使你的课堂变得井井有条，提高孩子们的注意力。

二、学会安静的聆听

音乐是一门听觉艺术，学生在课堂中学会安静的聆听尤为重要，而一年级的小朋友生性好动，在音乐活动中自律性较差，这时，我们就要想办法让课堂"安静"下来，比如刚才提到的运用口令的方式让学生安静下来，还有每次聆听音

乐之前，给孩子们提要求、设问题，让孩子们带着问题聆听；伴随着音乐做无声的律动；利用视频、图画等创设情境；让孩子们有事可做，激发学习的主动性，这样的课堂怎能不"安静"呢？

三、激发孩子的学习兴趣

小学一年级这个年段的学生，学习注意力集中的时间大约 10 分钟，建议在音乐活动中，开展多种多样有趣的活动，如节奏游戏、角色扮演、情境创设等，充分利用音乐艺术特有的魅力，激发和培养学生的学习兴趣，并重视与学生的生活经验相结合。

最后我想说的是，每个用心的老师都能成为一年级小朋友的好伙伴（大朋友），只要你愿意尝试，虚心请教。愿你永远有颗年轻的心，享受音乐教育带来的快乐。

●龙岗区兴泰实验学校　宁茜茜

▲一年级孩子的上课专注力一次只能有 10~15 分钟，所以每一节课的每一个环节都要环环相扣，都要设计得比较新颖，这样孩子们时时刻刻都感到有新鲜感，才能集中注意力跟着学。

▲如果哪一节课没有备好课就去上课，那这节课就会非常的乱，跟打地鼠一样，把左边孩子摁下去了，右边孩子又跳出来了。

▲一年级的每个班都有几个非常调皮好动的孩子，会在课堂上捣蛋求关注，所以我每次上课前先安抚好这几个孩子，表扬这几个孩子，时刻专注这几个孩子，只要他们有一点进步，就大大的给予表扬，给他们发表扬信及小礼物。

▲我在每个学期上第一节音乐课就会和孩子们有一个约定，只要在课堂上表现突出的，给孩子奖励一个印章，十个印章可以到老师这抽奖换一个小礼物（如：小陀螺、棒棒糖、小玩具、笔等），必要的物质刺激也是很有效的。

●龙岗区春蕾小学　陈凤

一、小学一年级音乐学情分析

1. 一年级的学生好奇心强、活泼好动，善于模仿，身心可塑性强。
2. 有效注意力时间较短，理解能力较高年级偏弱。

3. 大部分学生对音乐的学习积极性非常高，举手发言的学生很多。

4. 每个班都有一些表现非常棒的学生，他们在音乐活动中起到了很好的带头作用。但还存在着少数部分学生学习习惯未养成，因此在教学中还是要加强常规教学，这样才能保证教学的顺利进行。

二、小学一年级教学措施

1. 在教学方法的选择上应多采用游戏的形式，让学生在玩中体验，玩中创造，在游戏中让学生理解教材中比较抽象的内容。

2. 课堂形式设计要多样，要充满知识性、趣味性、探索性、挑战性以及表演性。最大限度的调动学生的积极性，并使他们最大限度地学到知识，掌握技能。

3. 在日常教学中，应注重营造一年级愉悦、欢快的学习氛围，运用多种活动增强学生参与的广度和深度，使他们在亲身体验中进行有效的学习，保持他们学习的欲望和兴趣，从而提高学习效果。

●龙岗区坂田爱爱学校　　赖小风

一年级的孩子刚步入小学，心理、生理都很不成熟，上好一年级的音乐课需要一定的教育智慧，因此，要提高一年级音乐课堂教学实践活动的效果，不仅要求教师要投入100%的参与热情，更重要的是必须讲求一定的方式和方法。

第一，注重教学环节的设计。

教师在教学设计中首先应该考虑一年级学生的年龄特点、教材本身的特点以及教师自身的特长，科学合理的设计课堂教学活动方案，在活动设计上多花心思、力求形式新颖，吸引学生的注意力并预设出活动的效果，这样才能在实际操作中收放自如、游刃有余。

第二，注重学生课堂行为习惯的培养。

音乐教学活动往往开放性比较强，其中的音乐游戏、律动、歌表演等形式很容易使得学生全情投入，一年级的孩子们一进入音乐教室就有一种抑制不住的激动。他们很活跃，很想表现自己，教师如果不能很好的组织课堂秩序，学生的注意力也会不集中，必然影响到课堂教学效果。因此，音乐课堂秩序的建立显得十分重要。

第三，注重课堂活动中学生注意力的集中。

在一年级的课堂教学活动中，学生常常会由于各种原因出现注意力不集中

的现象。要使学生集中注意力，教师在课堂活动中就要及时观察学生，调节、吸引学生的注意力，进而达到最佳的教学效果。当个别学生出现注意力分散的情况时，教师可以用一个眼神、一个手势或者一个微笑这种无声的语言来提醒学生集中注意力。有时，教师还可以用音乐来提醒学生。

第四，意外情况的因势利导，随机应变。

音乐课堂实践活动要达到有效的组织，要求教师课前充分的做好准备，进行周密详尽的计划、安排，加强平时课堂教学中一年级学生行为习惯的养成形成良好的课堂组织形式，注重课堂活动过程中学生注意力的集中，以确保教学实践活动的有效开展。

●龙岗区科技城外国语学校　刘怡诗

在一年级任教的第一年，我对自己的教学充满了未知和惶恐，相信很多刚毕业就分配到一年级的老师跟我一样，对于这帮"下课时是小天使，上课时是小恶魔"的孩子们无从下手，对于孩子们来说，刚从幼儿园踏入小学校园，对小学环境既好奇又感到陌生，学习和生活都很难适应，所以老师的方法就显得尤为重要了。接下来我想和大家分享一下我在一年级任教的感受，我把它总结为以下四行诗：

抓稳纪律很重要，
重难点要保证好，
培养习惯趁现在，
鼓励沟通是个宝。

1. 抓稳纪律很重要

课堂纪律是保证课堂教学质量的前提，较幼儿园相比，小学里每个班孩子的数量多，所以要求孩子们在课堂上要守"规矩"，所以课堂纪律一定要在开学初就跟孩子们说好，并且每堂课上都要不断提醒孩子们，培养孩子们"守纪律"的意识，可以结合唱口号、表扬谁、我最棒等游戏和唱口令的方法提醒孩子们。

2. 重难点要保证好

上了小学后，孩子们的课程变多了，从幼儿园里每天只要开心的玩、有简单的自理能力到上小学后每天要坐住足足有40分钟的7节课！而音乐课的时间通常都安排在上午的最后一节和下午的课上，孩子们的注意力却仅仅只有不到20分钟的时间，这就要求老师们一定要在孩子们集中注意力的时间里把重难点落实到位，所以在教学设计上，我们要突出重难点教学，善于发现学生的问题并且及时解决，课上可以结合多种手段，吹、拉、弹、唱、跳等带领孩子们进入音乐世界的海洋。

3. 培养习惯趁现在

小一年级的孩子们就像一张干净的白纸，所以一定要趁早培养孩子们良好的习惯：音乐课上，我会要求他们仔细聆听，聆听的时候不要唱也不要做其他事情，养成他们认真聆听音乐的习惯；也会要求他们唱歌的时候不要喊，并且示范给他们看，让他们自己去选择喊唱的好听还是不喊唱的好听，养成他们唱歌时不喊唱的习惯；还会要求他们手放桌上腰挺直，培养他们课上坚持做好的习惯等等。

4. 鼓励沟通是个宝

最后一点是我觉得对孩子们尤为重要并且有效果的一点！对于表现好的孩子们一定要及时鼓励，可以用说的也可以用唱的，让孩子们知道自己的表现特别棒并且产生荣誉感，也有助于孩子喜欢老师；对于上课欠缺自觉性，并且屡教不改的学生课后一定要找他及时沟通，小一年级的孩子们很多时候其实并不知道自己哪里做错了，这时候老师一定要跟孩子们讲明白道理，并且约定好做法，在孩子们课堂改正后及时表扬！

● **龙岗区南芳学校　陈剑**

▲小学音乐课教学是整个小学基础课程的一个重要组成部分，对于刚刚步入小学的一年级学生来说，自制力差，但动感极强，于是要多采用"律动教学法"，即将每节课所学歌曲尽量以律动的形式来进行感受，这样能符合学生的年龄、行为特点，还提高学生学习的积极性。

▲除此之外，还可以设计音乐游戏活动，只有当学生在音乐游戏中获得快乐，才能唤起他们对音乐的那种缘自心底的热爱。因此，每一节课都尽量将各种常规与知识、技能的训练融入游戏中，带领学生玩中学，学中玩。

● **康桥外国语学校　陆长香**

一年级的学生他们天生活泼、好玩好动、好奇心强、想象力丰富。他们对音乐的感受总是通过各种动作表现出来。要提高音乐课的教学质量，应根据儿

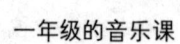

童好动、好游戏的心理特点，应该让孩子们在玩中学，在学中玩。

一、拉近与学生间的距离

老师的爱是学生学习的动力之一。爱有很多种方式，可以是无微不至的问候，亲切可人的微笑，也可以是一个代表性的手势，一句真诚的话语。无论是怎样的爱都能深深地打动学生，并在瞬间拉近师生的距离。如果老师老是板着脸，做着一副威严的样子，往往会给学生带来很大的学习压力，从而学生对你敬而远之，也就造成了师生关系紧张的局面。

二、建立和谐的课堂氛围

对于一年级的学生在课堂上要形成一个循序渐进的过程，老师要有足够的耐心和爱心，要用好方法一步一步的引导。孩子们来音乐教室总是会很兴奋，但我们不能压抑了他们的快乐。严厉、大声的呵斥或制止会解弱孩子们学习音乐的兴趣。

三、抓住孩子快乐的心

毕竟是一年级的孩子，注意力还不够集中，课上到一半就开始"坐不住了"。那么，如何在40分钟里始终抓住孩子的心，让他们快乐的学习，把注意力始终集中在课堂上呢？这时候我们应该用我们宽容的心来对小学生，让少儿通过自身的活动，把听、视、触等各种感觉活动和运动、唱歌、表演、游戏、舞蹈等结合起来，从而把他们从座位的束缚中解放出来，让他们既动口、动手、动脚，也要动脑，蹦蹦跳跳地进入音乐世界，在轻松愉快的气氛中获得音乐知识、技能，培养思维能力，同时也受到美的熏陶。

一年级的音乐课

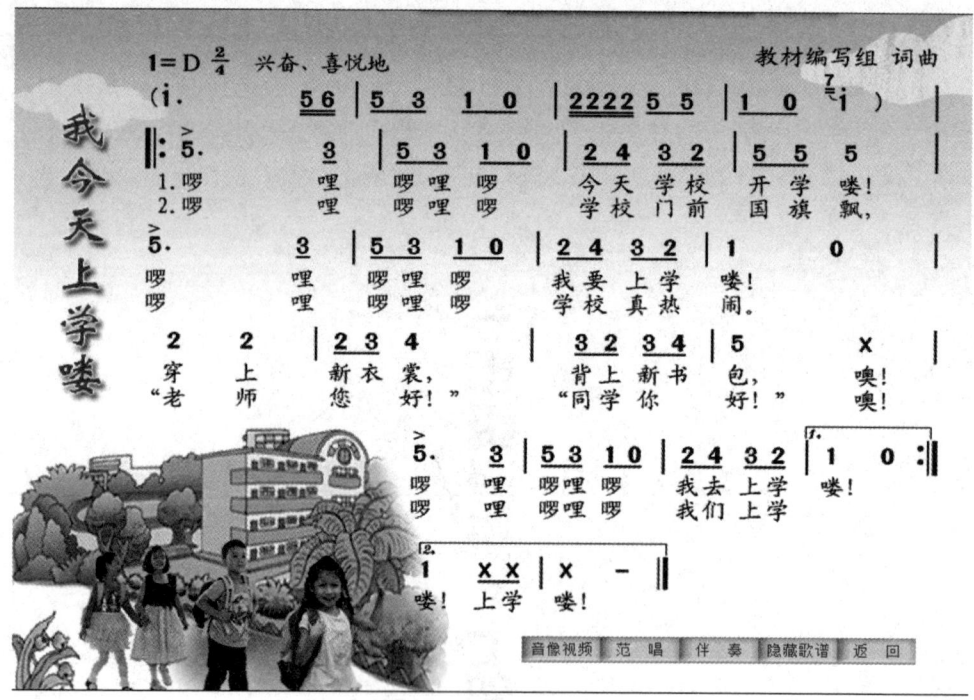

第一课《我今天上学喽》

教案之一：

第一课时：

教学内容：

1. 感受 ×．× | × × ×0 | 的节奏型，拍读 X 和 XX 两种节奏。
2. 学唱歌曲《我今天上学喽》。

教学目标：

1. 知识目标：能正确拍读 X 和 XX 两种节奏，感受 ×．× | × × ×0 | 的节奏型。
2. 情感目标：初步熟悉和逐渐喜爱新的学校，对上音乐课产生兴趣，建立我是小学生的自豪感。

3.能力目标：在演唱时能自然有表情地把歌曲愉悦、兴奋的情绪表现出来，并把握好歌曲的节奏。

教学重难点：

1.能正确拍读 X 和 XX 两种节奏。

2.用不同形式感受 ×.× | × × ×0 | 的节奏型。

3.能自然有表情地演唱歌曲。

教学过程：

一、做游戏导入新课

1.今天我很高兴能和那么多小朋友在一起上音乐课。我想和你们做朋友，可我不认识你们，下面我们来玩一个说名字的游戏好吗？请你们模仿老师来回答。

老师边拍节奏边提问："我 是 | 陆老 师 | 你叫什么 | 名 O |"，请同学们模仿老师的说法把自己的名字说出来。

2.你们觉得这样的对话和我们平常说话有什么不同吗？

3.同学们回答得真棒！因为刚才我们的对话是用这样的节奏来说的：

出示节奏条："× × | × × × | × × × × | × 0 |"

在音乐中，"X"代表一拍，读作"ta"，边读边拍手一下；"XX"要两个连在一起才是一拍，读作"titi"，均匀地拍两下手。

4.节奏小游戏：做4个"X"节奏和4个"XX"节奏的头饰，找8个同学戴上，站在一边，每次随意请4个同学站出来排队。然后全班同学一起来拍读由这4个同学头饰组成的节奏。

5.引导学生拍读："× × | × × × | × × × × | × 0 |"

（设计意图：玩游戏是孩子最喜欢的，把难点变成学生容易接受的游戏，既营造了气氛，调节了课堂情绪，又达到了同学间互相认识、交流情感的目的，使学生对陌生的同学和老师达到快速熟悉的作用，在游戏中掌握X和XX两种节奏型。）

二、多形式学习歌曲

1. 听歌曲范唱，学生说内容。

老师真开心，这么短的时间我又认识了这么多的朋友。老师想送给你们一首歌，请你们听听，歌曲里都唱了什么呢？"

（设计意图：做完游戏，孩子的注意力容易分散，这时要抓住孩子好奇的心理，引起他们继续探究的兴趣。）

2. 再次听歌曲范唱，感受歌曲中 ×.× | ×× ×0 | 的节奏型。

（1）歌曲中小朋友们心情怎样？你从哪里听出来的？（引导学生发现"啰.哩|啰哩　啰|"）

（2）说出歌曲什么地方出现了"啰.哩|啰哩　啰|"，出现了几次？

（3）在老师带领下唱一唱三处"啰.哩|啰哩　啰0|"。

3. 师生合作共同学唱歌曲。

（1）学生唱"啰.哩|啰哩　啰0|"，老师读歌词。

（2）老师唱"啰.哩|啰哩　啰0|"，学生读歌词。并找出与说名字游戏相同的节奏进行练习。

（设计意图：让学生在唱和读的过程中进行对比，感受歌曲中 ×.× | ×× ×0 | 的节奏型。）

（3）在（1）（2）的基础上，启发学生开心地把"噢，上学喽！"读出来。

（4）学生感受自己读得不准确的地方，并找出改正的方法。

（5）启发学生边做动作边开心地把"噢，上学喽！"读出来。

师："哪位同学不仅能把高兴的劲儿说出来，而且还能加一个动作来表现。"

（设计意图：能有感情地歌唱是歌唱教学中最重要的目标之一。（3）、（4）、（5）环节的设计，主要是让学生学会怎样有感情地读歌词，把自己成为一名小学生的高兴心情和十分得意的神情表现出来，为下面有感情地演唱歌曲打下基础。）

（6）师生随音乐读歌词。（要特别强调"噢"和"上学喽"。）

（7）师生接龙学唱。

师："现在我想和你们合作一次，你们唱'啰.哩|啰哩　啰0|'我来唱其他的歌词。"（第一遍接唱）

师："刚才你们唱得真不错，我要考验你们一下，我来唱'啰.哩|啰哩　啰0|'你们来唱其他的歌词。"（第二遍接唱）

（8）让学生进行自我评价"你们觉得自己唱得怎么样？"让学生自我演示，自我纠正。

（设计意图：评价是课堂教学中的一个不可缺少的基本环节，它可以帮助教师和学生正确地认识自己、了解自己、激励自己，对学生的学习动机具有很大的激发作用，从而调动了学生学习的积极性。）

（9）调整之后，再让学生随音乐演唱。（最后的"上学喽"提示学生再情绪上要上扬一点，但是不能大声喊唱。）

三、创作活动

1. 根据歌词，请学生创编律动。
2. 分小组进行展示，哪组展示获得掌声多便给予表扬奖励。
3. 选出最受欢迎的创编，由该组"小老师"带领全体学生边唱边表演。

（设计意图：创编律动的目的是让学生在唱和跳的过程中表达"上学喽"的愉快心情，分小组比赛展示了学生自主、合作、探究的学生方法。）

四、课堂小结并结束新课

老师真的很开心，和那么多聪明的小朋友一起上了一节音乐课，老师也希望你们在学校里过得快快乐乐，努力学习，认真上好每一堂课，做一名优秀的小学生。看你们刚才跳得那么愉快，我也想和你们一起跳了，下面我们一起边唱边跳，结束我们今天的新课。

（执教：深圳市龙岗区康桥外国语学校　陆长香）

第一课《我今天上学喽》

教案之二：

第一课时：

教学内容：

1. 通过节奏游戏的方式让老师和学生有一个初步的了解。
2. 初步建立音乐课的课堂常规。
3. 初步感知 x 和 xx 两种节奏型。
4. 欣赏和简单学唱《我今天上学喽》，第二课时做巩固复习，完善演唱比较合理。

教学目标：

1. 初步树立音乐课常规。
2. 通过模仿、游戏的方法让学生感知 x 和 xx 两种节奏型，并做简单运用。
3. 欣赏和学唱《我们今天上学了》，并做简单律动。激发学生对音乐课的兴趣。

教学重难点：

1. 欣赏和简单学唱《我今天上学喽》，激发学生对音乐的兴趣。
2. 能正确拍读 x 和 xx 两种节奏型。

教学过程：

教学环节	教师活动	学生活动	设计意图
一、组织教学	1.欢迎小朋友们来到我的音乐课堂，我想先和小朋友们玩几个音乐小游戏。 （1）听音乐起立和坐下：听到上楼梯的音乐就请你们起立，听到下楼梯的音乐就请你们坐下。 （2）听音乐和老师问好： 1234 5-| 同学你们好 -| i5. i5.|54321-|| 你好，你好| 马老师你好。 （3）同学当你听到老师弹：do. Re. mi. fa .sol 的时候请唱出： 12345 我们要坐好！ 一边立刻坐端正。	聆听音乐坐下或起立。 用音乐的形式和老师生问好。 跟着老师的音乐唱着并坐端。	首先就能让学生感受到音乐课与其他学科的不同，能让学生迅速进入到音乐课堂中来。 在音乐课堂养成用音乐指令的习惯。
二、学习节奏	1.请你模仿老师来拍手，看谁能准确的模仿。 （x x|xx x）（xxxx|x x） 同学们下面我们一起认识两个新朋友（X ta 和 XX titi）， 我们一起读一读（x x|xx x）（xxxx|x x）看谁读的准确。 2.老师做自我介绍（我 是|马老师|你叫什么|名字||）。	学生模仿老师拍手。 学生要记住他们的名字。 学生接力做自我介绍（碰到学生名字是两个字的这样说我是|X X|你叫什么|名字||）。	初步感受 x 和 xx 节奏型。 检查学生对节奏的对这两个节奏的掌握程度。 让 x 和 xx 两种节奏型得到实际的应用，同时自我介绍的节奏又是歌曲第三句的节奏，为下面学歌铺垫。
三、欣赏歌曲	1.请认真的聆听一首歌曲，请你为歌曲取一个名字。 我们一起看看，作曲家为歌曲取了什么名字？ 2.再听一遍歌曲，你能说说歌曲中的小朋友在干什么吗？ 从歌声中你听出了这些孩子第一次上学的心情是怎么样的？ 上学的第一天你都做了那些准备呢？ 来到学校你都看到了什么？	认真聆听歌曲，思考歌曲歌名。 看老师板书课题。 再次聆听，思考问题，在老师的引导下答对答案。	带着问题，聆听歌曲，学生的注意力才能更集中。

（续表）

三、欣赏歌曲	3.下面我们观看一个视频，你能模仿视频中的几个舞蹈动作。（播放光盘里面的视频） 4.跟着音乐我们一起来跳一跳《我今天上学喽》的舞蹈。 分组比赛看哪一组小朋友跳的最美，最整齐。	观看视频，模仿视频中小朋友的舞蹈动作。跟着老师把动作做得规范一点。 学生模仿老师的动作，跟着音乐一起跳舞。 学生分组比赛。	用比赛的形式学生更感兴趣。
四、初唱歌曲	1.同学们现在我们就跟着音乐一起唱一唱《我今天上学喽》这首歌曲吧。 2.跟着音乐我们一边唱一边跳看谁唱的又好跳的又好。	学生轻声跟着范唱初唱歌曲。 跟着音乐边唱边跳。	初步学唱歌曲为下节课再学歌曲做铺垫。
五、课堂小结	1.今天老师真的很开心，认识了这么多可爱聪明的小朋友，我们一起上了第一节音乐课。老师希望你们每天都能像今天这么快乐，让我们期待下次音乐课的到来吧。 2.下面听着音乐，跟着老师我们玩接龙游戏踏出教室。	回顾一下这节课我们做了哪些事情。 跟着老师退出教室。	对本节课做的事情做简单的总结。 训练学生如何有序的退出教室。

第二课时：

教学内容：

1.学唱歌曲《我今天上学喽》。
2.加强学生对 X 和 XX 两种节奏的感知。

教学目标：

1.能用好听的声音演唱歌曲《我今天上学喽》。
2.能正确的拍读 X 和 XX 两种节奏型。

教学重难点：

1.学唱歌曲，用好听的声音演唱歌曲。
2.加强学生对 X 和 XX 节奏型的掌握，能正确的拍读出来。

教学过程：

教学环节	教师活动	学生活动	设计意图
一、导入	上节课我们学了一首什么歌曲，还记得吗？现在请全体起立，让我们跟着音乐一起跳一跳。	跟着音乐跳一跳上节课学的舞蹈。	复习《我今天上学喽》的舞蹈，为学歌曲做铺垫。
二、学唱歌曲	1. 跟着老师有节奏的拍读歌词。	跟着老师拍读歌词。	巩固复习 X XX 这两种节奏型，准确的拍读歌词为学习歌曲做准备。
	2. 跟着音乐我们一起唱一遍歌曲，注意我们声音不要太大哦。	学生轻声跟着录音演唱一遍。	前面已经听了很多遍，现在采用跟唱法，让学生大致学会歌曲。
	3. 小游戏：接龙演唱，看谁接的好：老师唱一句小朋友们唱一句，一起合作唱完这首歌。（师：啰哩啰哩啰，生：今天学校开学喽……）	老师唱一句学生接下一句，唱熟以后反过来。再来一遍。	接龙唱能提高学生学习兴趣，锻炼学生聆听和接龙唱的能力。
	4. 同学们你们感觉哪个地方比较难唱呢？提出来我们一起来把它唱的更好一点。	学生举手提出难唱的地方。	用伴奏检验学生学习歌曲的情况，及时找出唱的不准确的地方。
	5. 请你们用好听的声音跟歌曲伴奏完整的演唱一遍歌曲。（检查学生能不能跟上伴奏找出不足。）	学生用适当音量跟着伴奏演唱一遍，随着老师的纠正演唱的更加准确。	
	6. 下面我们分小组进行比赛，看哪一个小组唱的最好。唱完之后老师请另外小组的同学点评一下。（一年级的学生还不会如何点评老师要引导学生从哪些方面进行点评。）	学生分组比赛演唱，并跟着老师的引导试着点评别小组演唱的情况。	分组比赛能让学生学会聆听，小组点评让学生能找到别人演唱中的优点和缺点，更利于学生的进步。
三、歌曲拓展	1. 同学们接下来我们复习两种节奏型 X 和 XX 你们还记得它们的名字吗？ 2. 现在我们用 X 为歌曲伴奏。X X|X X|……（第一拍拍腿，第二拍拍手。）	学生跟着老师的引导，初步正确掌握两种节奏型的拍读。能说出他们的名字 ta 和 titi，学生跟着音乐模仿老师用拍手和拍腿律动为歌曲伴奏。	进一步巩固学生对这两种节奏的掌握。

（续表）

	同学们XX也想为歌曲伴奏，我们把它也加进来吧。X XX|X XX|（X拍腿，XX拍手）3. 我们分成两组第一组用我们的身体拍打（X 和 XX ）为第二组伴奏。第二组为唱歌小组要用好听的声音把歌曲演唱出来。	在老师的引导下，学会用节奏为歌曲伴奏。学生分组合作共同演绎这首歌曲。	让学生了解如何用X和XX为歌曲伴奏。培养学生合作能力，为课堂进行达到高潮。
四、课堂小结	1. 同学们这节课我们一起学习了《我今天上学喽》这首歌曲，还学会了用了X XX为歌曲伴奏。通过合作我们很好的完成本节课的内容。同学们的表现非常棒，才刚开始学唱一年级第一首歌曲就已经唱的这么好，还有我们的课堂纪律也维持的很好，老师为你们点赞。2. 我们还复习了《我今天上学喽》的舞蹈回到家后希望同学们能把这首歌曲展示给我们的爸爸妈妈，爷爷奶奶看看。3. 希望以后还能有更多的机会，和同学们一起参与这样有趣的音乐活动。这节课就到这里，下节课再见！	回顾本节课学习的知识，回家展示学习的歌曲。	回家展示给家长看看，让学生对音乐更有兴趣，也让家长看看孩子们学习的成果。

（执教：深圳市实验承翰学校　马新力）

第二课《去同学家》

教案之一：

第一课时：

教学内容：

1. 感知音的长短，听辩三角铁和木鱼的音色，用小乐器为歌曲伴奏。
2. 学唱歌曲中有歌词的部分并表演小小音乐剧。

教学目标：

1. 能随歌曲录音或教师范唱一起演唱歌曲中有歌词的部分，并能用合适的律动参与或表演小小音乐剧。

2. 能初步建立音的时值长短概念，感知敲门"…"音乐和见面握手问好"——"，肯并能在表演中用三角铁和木鱼在相应的地方为之伴奏。

3. 能区分打击乐器中的"三角铁"与"木鱼"音色的不同，学会三角铁和木鱼的敲击方法。

教学重难点：

1. 听辨两种乐器的音色，建立音的时值长短概念。

2. 在音乐律动和小小音乐剧表演中，能用合适的方式表现敲门声（嘭澎嘭）"…"和见面握手问好（你好！）"⌒"两处音乐的不同。

教学过程：

教学环节	教师活动	学生活动	设计意图
一、导入 认识三角铁木鱼，并体验其不同的音色。	1.猜猜老师的礼物？ 老师用环保袋包好，在学生看不到乐器的情况下，让学生去触摸这两样神秘的礼物？并猜猜认不认识它们。 2.听音色：老师背过身子分别敲击三角铁和木鱼，让学生猜猜看，这声音分别是哪件乐器发出？声音有什么特点？ 3.乐器体验：让学生敲击木鱼的头部和中间位置，体验不同的声音效果。	学生触摸后说出礼物的名字。 学生认真听辨，分小组讨论？木鱼声音短，三角铁声音长。 学生体验：怎么拿？怎么敲？什么力度声音最好听？	触觉是人类发展最早最基本的感觉，也是儿童感知新事物的重要方式，一年级学生好奇心强，喜爱新鲜事物。让学生自己触摸乐器，描述对乐器的感觉，可以帮助学生亲身体验乐器的材质，形状，激发他们更多的学习兴趣和我们怎么探索精神。 培养学生的听觉，不让学生看到教师如何敲击的。 学生通过打击乐器体验，掌握演奏方法，听辨不同音色。
二、歌曲聆听、角色表演	1.老师边做动作边唱："嘭嘭嘭，是谁呀？"提问：谁在敲门，发生了什么故事？ 2.根据学生的回答，将人物对话用动画的形式表现出来。 3.播放音乐《去同学家》，老师与两位同学分角色，用师生接龙的方法根随歌曲演唱敲门音乐。 4.再次播放音乐，老师和全体学生表现敲门音乐的场景。	学生认真聆听音乐《去同学家》后回答。 点2位同学上台和一起老师合作。	通过老师场景的表现，激发学生学会聆听，并能从聆听中找到答案。 动画的设计，激发学生学习的兴趣！ 初步感受整首歌曲，并通过聆听观察熟悉歌曲的旋律和速度和内容。 通过多次聆听，分角色表现，让学生基本熟悉歌曲旋律，为之后的歌曲学唱做好准备。

（续表）

三、歌曲学唱	1. 请你听一听，歌曲中哪句不好唱？容易唱错？	自由发言，谈谈自己哪句容易唱错，大部分同学是小英的部分错。	歌曲学唱以前，先单独解决难点，为完整演唱做好准备。
	2. 老师弹奏敲门音乐的旋律，学生试唱歌词。	随老师钢琴伴奏学唱歌曲小英唱的部分。	唱一唱歌曲的歌词，训练学生的试唱能力。
	3. 休止符的演唱：你有没有发现，"哆哆哆"后面一个什么符号？	休止符"0"敲门后停一下。	动作表现。
	4. 歌唱语气的引导：问句要唱的怎样？	唱出疑问的语气。	贴切去表现音乐完成歌曲学习。
	5. 引导学生用不同语气完整演唱全曲。	随教师伴奏演唱。	
	6. 师弹奏钢琴，全体学生分角色演唱敲门音乐和问候音乐。	男学生角色表现小明，女同学表现小英。	通过学生试唱，演唱结合律动用师生接龙的形式去表现歌曲。
四、唱一唱伴一伴：（三角铁和木鱼在相应的地方为之伴奏）	伴一伴 1. 学生随录音演唱歌曲，教师用小乐器为演唱伴奏，让学生听听老师用哪些地方用了什么乐器？如何演奏的？	学生回答用木鱼表现敲门声，用三角铁表现握手问好。	感知敲门声"…"和见面握手"——"音乐的长短不同，学生能在表演中用三角铁和木鱼在相应的地方为之伴奏。
五、感受音的长短	1. 形状的长与短 教师PPT表两块长短不同的色块，请同学看看它们长度的不同。 教师说名称，学生用动作模仿，比较不同长度的物体。 2. 声音的长与短 （1）老师启发学生模仿生活中的声音，想想哪些长？哪些短？ （2）听音乐片段，分辨哪个乐器发出的声音长？哪个乐器发出的声音短？ （3）老师弹奏小的旋律片段，学生用（LU）模唱。听听哪个声音长？哪个声音短？ （4）师生唱《去同学家》想想哪句歌词长，哪句歌词短？	学生观察。 学生用动作模仿，比较不同长度的物体。 学生回答。 学生听辨后回答。 学生模唱后回答。	一年级的学生对声音有强烈的好奇心和积极的模仿能力，但逻辑思维能力弱，注意力不持久。他们需要老师用感性的，具体的教学方法引导学习。在"音的长短"的知识点学习中，学生从视觉的色块，到模仿声音的长短，再自然过渡到聆听分辨音乐的声音的长短，这样的方式比较适合低年级学生的思维方式和年龄特点。

（续表）

六、总结	1.同学们，今天的课就要结束了，老师设计了一个课堂评价表，五颗星星最高。大家分别填写一下。 2.请个别学生分享你对自己的评价表，或对他人的评价。 3.教师小结。	学生认真填写。 个别学生分享自己的，或为他人评价。	如果学生唱一首歌，教师简单的按好坏给分数，这样的评价方法过于单一，粗糙，不利于学生长期全面的素质发展。本接课根据学生的学习内容，学习态度、学习效果等方面对自己和对他人表现进行评价，为自己今后的进步积累经验。

（执教：深圳市龙岗区依山郡小学　黄珑）

第二课《去同学家》

教案之二：

教学内容：

1. 感知音的长短，听辩三角铁和木鱼的音色，用小乐器为歌曲伴奏。
2. 学唱歌曲中有歌词的部分并表演小小音乐剧。

教学目标：

1. 培养学生的音乐听觉意识，初步建立音有长短的概念。
2. 能区分三角铁和木鱼两种音色的不同，并用三角铁和木鱼参与音乐活动，用体态动作感受和表现音乐的变化。
3. 初步培养学生人际交往的智能，懂得建立同学友谊；培养学生相互合作的能力，建立自信心。

教学重点：

1. 结合音乐游戏中●●●和~~~~~~~长短音，认识打击乐器：三角铁和木鱼。
2. 听律动音乐，辨别长短音。
3. 音乐游戏《去同学家》。

第一课时：

教学过程：

一、认识三角铁和木鱼

1. 今天老师带来了两位新朋友，看看，它们是谁？（出示打击乐器：三角铁、木鱼。）
2. 看外形：你能形容下，它们都长成什么样子吗？

3. 摸材质：想摸摸它们是什么做的吗？（教师环绕教室一周，让学生摸摸乐器的材质。）

4. 听声音：它们都可会唱歌了，猜一猜谁的声音短？谁的声音长？

让我们听一听它们的声音，看一看老师是怎样演奏它们的。

（引导学生学习演奏方法。）

5. 试演奏：老师要请小朋友来尝试演奏一下这两个小乐器，试试它们不同的位置会不会发出不同的声音？你觉得哪个位置敲击最好听？怎样敲击才好听？

6. 小结（可以让学生接话回答）：今天我们认识的新朋友，一位叫三角铁，一位叫木鱼；一位声音长，一位声音短；因为一位是金属做的，一位是木头做的；它们都需要通过打击才能发出声音，所以它们都属于"打击乐器"。

（设计意图：通过让学生描述乐器、触摸乐器、演奏乐器，让他们更了解乐器，也激发他们更多学习兴趣和探索精神。）

二、聆听音乐剧《去同学家》

1. 播放音乐《去同学家》，想一想：哪个乐句可以用三角铁伴奏？哪个乐句可以用木鱼伴奏？

2. 播放音乐，教师用木鱼敲击模仿门声"嘭 嘭 嘭"，用三角铁的滚奏表现见面握手问好（你好）的音乐。

3. 播放音乐，邀请部分学生尝试用这两种打击乐器为歌曲伴奏。

（设计意图：学生通过打击乐器的体验进一步了解木鱼及三角铁，并在音乐活动中熟悉歌曲旋律为歌曲学唱做好铺垫。）

三、《考考小耳朵》音乐游戏

1. 聆听乐曲听到像●●●的音响时，做敲门的动作，当听到音乐中有像~~~~~的音响时，与一位同学握手。（播放音乐《去同学家》。）

2. 还有什么声音跟三角铁相似？什么声音跟木鱼相似？你能说说你的理由吗？（引导学生进行自然音源的探索。）

（设计意图：学生通过《考考小耳朵》的游戏，再次熟悉歌曲旋律，并引导学生寻找生活中有趣的声音。）

第二课时：

教学过程：

一、随着《去同学家》的音乐自由律动

1. 上节课我们学习了《去同学家》这首歌曲，当音乐中出现类似●●●和~~~~~的音乐时，你还记得怎样表现吗？（拍手、跺脚表示短音，摆手、摆动身体表示长音；或用嘴巴发出长短音。）

2. 同学们，请聆听音乐，当你听到●●●时，请做敲门的动作哦，听到~~~~~时，请和你的同桌做握手的动作。（播放音乐，学生律动。）

（设计意图：通过复习唤醒学生的记忆，为本课歌曲学唱做好铺垫。）

二、歌曲学唱

1. 引导学生随音乐伴奏，用"LU"轻声哼唱歌曲。
2. 有没有哪个地方比较难唱？（找出难点乐句单独解决，并再次完整演唱。）
3. 分角色进行演唱。（如：女同学扮演小英，男同学扮演小明，老师扮演马璇璇。）
4. 上节课我们认识了哪两个小乐器？还记得怎样演奏吗？（复习三角铁及木鱼的演奏技巧。）
5. 带上小乐器的伴奏，完整演唱歌曲，注意不同角色的音色变化。

（设计意图：在反复铺垫的基础上，学唱歌曲变得容易。）

三、表演小小音乐剧《去同学家》

1. 讨论：在去同学家的路上你会怎么表演？到同学家时要敲门，见到同学很高兴怎么表演？（师生讨论，播放律动音乐《去同学家》，师生一起律动。）

2. 表演小音乐剧

老师想请三个同学分别担任三个角色示范表演音乐剧，请两位同学来当小乐手敲击木鱼、三角铁，其余的同学观看表演并演唱。（播放场景音乐，演唱表演演奏结合表演。）

场景音乐：有节奏地慢跑。

《敲门音乐》：换成说自己的名字。

《问候音乐》：长音"哦"，先后和两位同学握手，说"你好。"

同学们，这三位小演员的表现有哪些地方值得我们模仿，哪些地方需要改进呢？（学生评价表演，教师总结。）

全班同学围成圆圈，分表演组、乐器组、演唱组表演音乐剧。

（设计意图：小小音乐剧带有歌词的演唱，让学生在跟唱歌歌曲的同时结合律动、三角铁和木鱼进行表演，培养学生的音乐表现能力。）

四、总结

1.同学们，学习了《去同学家》这一课，你有什么收获呢？（学生自由发言。）

2.老师总结：学习了《去同学家》这一课，我们认识了三角铁、木鱼这两个乐器，通过音乐剧的表演，我们还知道要做一个有礼貌的好孩子。去别人家、到别人房间都需要敲门，有人按门铃，一定要看清楚是谁才能开门，大家见面要互相问好。

（执教：深圳市龙岗区阳光小学　林建珍）

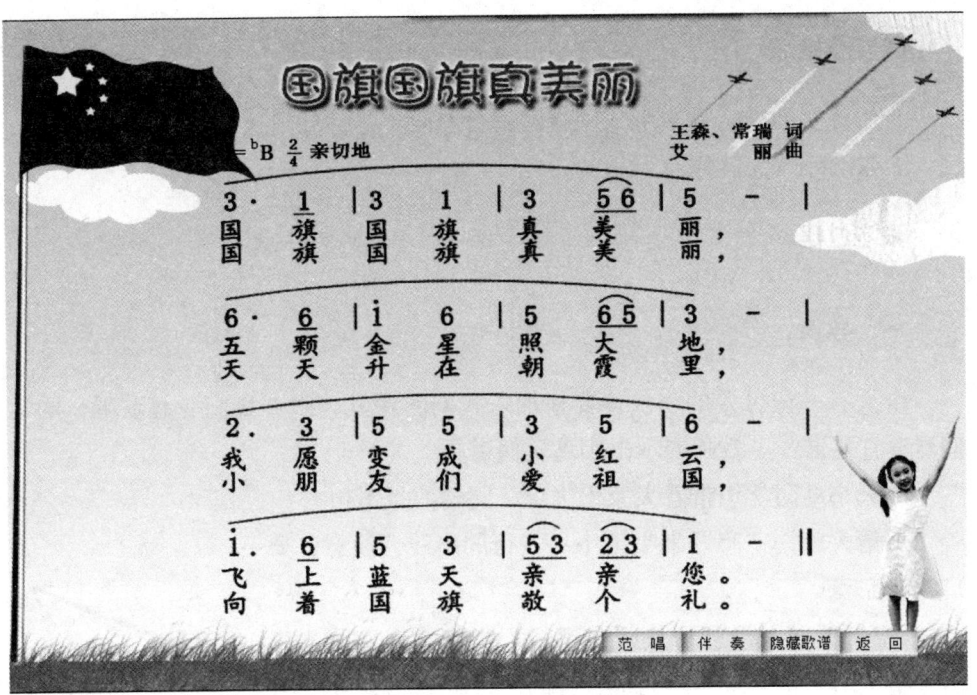

第三课《国旗国旗真美丽》

教案之一：

第一课时：

教学目标：

1. 知识目标：能随伴奏用自然亲切的歌声，充满感情地演唱歌曲《国旗国旗真美丽》。

2. 情感目标：教育学生从小懂得国旗的意义，培养学生爱国旗、爱祖国的感情。

3. 能力目标：在聆听、参与歌唱活动中体验音乐中的语句，能通过不同的动作表现音乐的语句。

教学重难点:

1.用优美的声音歌演唱《国旗国旗真美丽》,并知道这首歌曲中的语句。
2.学会用气息连唱每一乐句。

教学过程:

一、导入

今天有一位可爱的小伙伴要来加入我们的课堂,跟着我们一起歌唱,同学们看看它是谁?(教师展示出小鸟玩偶道具。)

今天小鸟同学想带着大家出去玩,同学们想不想去?

那请大家用"呜"来唱出小鸟飞行的路线,注意,要一口气唱完噢!

(1)音向上滑行(教师在黑板上把旋律走向画出来)引导学生用"呜"来模唱老师弹奏的上行旋律。

(2)爬山(教师在黑板上把旋律线画出来)引导学生用"呜"来模唱老师弹奏的波动旋律。

(3)直线(教师在黑板上把旋律线画出来)引导学生用"呜"来模唱老师弹奏的平行旋律。

(4)音向下滑行(教师在黑板上把旋律线画出来)引导学生用"呜"来模唱老师弹奏的下行旋律。

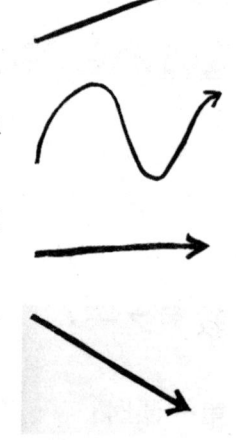

(设计意图:在游戏中让学生感受音高的变化以及音的高低的大致走向,并且一个线条一口气唱完,帮助学生锻炼自然演唱的悠长气息,学会在每唱一句后换气,为学唱歌曲《国旗国旗真美丽》打下铺垫。)

二、歌曲聆听

1.初听歌曲,视听结合

今天我们要学习一首好听的歌曲,大家来听听看,歌曲中提到了什么?

(教师播放带有《国旗国旗真美丽》为背景音乐的ppt,ppt中展示了多种场景下的国旗。)

哪位同学可以告诉老师,刚才的歌曲中提到了什么?

2. 今天我们要学习的歌曲就是《国旗国旗真美丽》,那么有谁能来做我们的小老师,给大家介绍一下国旗长什么样子的呢?

我们常说红领巾是国旗的一角,国旗和红领巾都是红色的,代表着我们国家人民胜利的喜悦!金色的五角星闪烁着光芒!同学们,你们都在哪见到过国旗?

那今天,让我们跟着这首歌,一起来感受一下国旗带给我们的自豪感吧!

3. 再听歌曲,做律动

请同学们拿出事先准备好的小国旗,由老师带着跟着音乐画圈。

(设计意图:按乐句区分,每一乐句画一圈,既增强了学生对歌曲乐句的区分,又将国旗带入歌曲,为热爱祖国的情绪做渲染。)

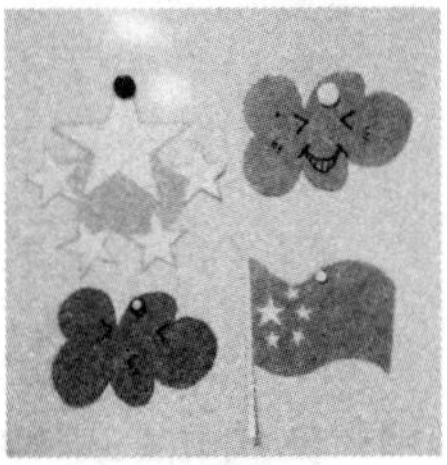

4. 三听音乐、想歌词

教师拿出画好的图片板,请一位同学上讲台,播放歌曲,根据歌曲中歌词出现的先后顺序,在黑板上按照顺序贴上图片。

(设计意图:图像道具的使用可以帮助学生更直观的理解、记忆歌词,边播放歌曲边找图片能帮助学生更有效的聆听歌曲。)

三、歌曲学唱

1. 跟老师朗诵歌词

教师带着学生根据歌曲的节拍有感情的朗读歌词,学生边朗读边用手画圈圈,以每个乐句为一单位画一个圈,在朗读时培养学生读完一句再换气,培养学生语句的完整感。

2. 跟琴学唱旋律

学生分句跟钢琴轻声模唱,唱熟之后,手上跟随老师一起画旋律线,帮助学生感知音高。

演唱过程中要注意学生对重难点乐句的把握,如:

2. 3 | 5 5 | 3 5 | 6 — |

(设计意图:一年级刚入学的学生还不能区分音高,用手画旋律线可以帮助他们更好的感知音的走向。)

3. 全体同学跟随伴奏一起演唱,并手画旋律线。

演唱过程中,教师要着重强调每一句乐句在演唱时所表达的情感的不同,可用旋律线带动学生的感情。

如：第一、二句：要用优美、柔和和亲切的声音演唱，教师此时带着学生画大波浪型的旋律线。

第三句：要带着憧憬和向往的感情去演唱，教师此时可以带着学生用画点点的方式画旋律线。

第四句：尊敬、敬仰，表达了对祖国的爱慕之情，教师此时可以带着学生用连线的方式画旋律线。

（设计意图：帮助学生分析每一句的表现，然后在旋律线的带动下有感情地演唱。）

四、歌曲律动

教师带着学生给每一句动作加上律动。

第一句：双手向上打开，做两边摆动模仿国旗的动作。

第二句：两手放在耳边做"张合"的动作，模仿小星星。

第三句：两手点向自己的胸口，表达我，再打开转一圈。

第四句：手打开做飞翔的动作，唱"亲亲你"时，击掌，再将双手打开伸直向前方。

（设计意图：在学会歌曲之后，引导学生运用身体的律动为歌曲编排动作，增强他们的身体协调能力，培养他们的自信心，同时又在表演中增强他们对音乐的兴趣。）

跟随音乐边唱边做律动。

五、总结

同学们今天表现的太棒了！最后，我们来欣赏一下北京天安门前升旗的视频（含国歌）。

通过你们的表演和演唱，我更加热爱我们的祖国了，我为你们感到骄傲！要时刻记得，我们是中国人，我们热爱自己的国家！

（执教：深圳市龙岗区科技城外国语学校　刘怡诗）

第三课《国旗国旗真美丽》

教案之二：

第一课时：

教学内容：

学唱《国旗国旗真美丽》，认识乐句，爱国教育。

教学目标：

1. 学习了解我们中国的国旗，培养学生热爱祖国，热爱生活的情怀。
2. 能够有感情地演唱《国旗国旗真美丽》。
3. 体验歌曲的韵律，认识连音线，并能够掌握它的演唱方法。

教学重难点：

1. 演唱歌曲《国旗国旗真美丽》。
2. 演唱歌曲中情感、连音线的处理。

教学过程：

一、导入

1. 情景导入：今天老师要带着同学们去参加奥运会，为我们中国女排加油！
2. 利用多媒体，欣赏中国女排视频片段。
3. 师同学们，刚刚我们欣赏到中国女排在里约奥运会上打败了对手，获得了冠军，当看着五星红旗冉冉升起时，你的心情是怎么样的？
4. 老师也特别的自豪，我最喜欢的就是奥运会中我们中国的国旗飘扬在会场上空。为了表达我对国旗热爱，下面我要给大家带来一首歌曲，名字叫做《国旗国旗真美丽》。
5. 出示课题《国旗国旗真美丽》。

（设计意图：根据本课特点创设奥运赛场夺冠的情景，激发学生的爱国热情及学习兴趣。）

二、新课教学

1. 教师手捧国旗边律动边有感情地范唱《国旗国旗真美丽》。

（设计意图：教师范唱更能够拉近与孩子们的距离，每个乐句做一个动作，帮助孩子们初步了解歌曲的结构。）

2. 讨论对歌曲的初步感受：同学们，刚刚老师唱的这首《国旗国旗真美丽》听完之后你的心情是怎么样的？

（设计意图：让孩子们自由表达自己对音乐的感受，给予肯定，提高学生的思维、表达能力。）

3. 律动了解歌曲：请同学们一起捧着提前准备的小国旗，跟老师随着音乐律动。

提醒学生每个动作要充满感情，表达对国旗的热爱。

（边律动，边有感情、有节奏地朗读歌词。）

（设计意图：通过捧起国旗、摇国旗、将国旗放在胸前、举国旗4个动作，表达对国旗的热爱之情，并通过4个动作感受歌曲的结构，让每个孩子参与到体验当中。）

4. 学唱歌曲：

①有节奏朗读歌词。

②跟着钢琴用"LU"哼唱歌曲旋律。

③跟钢琴逐句唱歌词。

④师生接龙唱歌词。

⑤难点乐句的重点学唱。

"2. 3 |5 5|3 5|6 — |"

　我 愿 变 成 小　红 云，

　小 朋 友 们 爱　祖 国，

歌唱要求：微笑的状态，吸气时不要耸肩，口鼻同时吸气，把气息吸进腹部，吸气时不要发出过大的声音，注意"星"字的咬字，不要把字"咬死"，不要喊唱。

（设计意图：教唱中先整体感受歌曲旋律、再分句教唱、再解决难点句、再完整演唱，循序渐进，一步步提升，即保证音乐的完整性，又能让孩子更好的掌握歌曲的学唱。）

5. 歌曲乐句的不同表现：画旋律线引导学生理解歌曲的乐句划分并用不同

的感情演唱歌曲的四个乐句。

第一乐句：表现出儿童热爱国旗的情感，亲切、活泼的情绪。

第二乐句：采用模进的创作手法，音乐显得柔和、亲切。

第三乐句：色彩显得柔和、婉转。

第四乐句：表达了新中国少年儿童对国旗的热爱、赞美之情。

（设计意图：与孩子们一起探讨每一乐句的情感，才能能好的表演作品。）

6. 请学生代表演唱歌曲，教师进行积极正面的引导。

（设计意图：学生完整地独立演唱歌曲，教师从演唱中发现问题，及时纠正、引导，有学习，有反馈，有纠正，才能有成效。）

三、合作表演

1. 分小组进行歌唱比赛，并创编演唱形式，如：一人一句、一领众合等，教师给予一定的协助。

（设计意图：开展形式多样的歌唱，学生为主，教师协助，充分发挥孩子们的协调、组织、设计、展示自我的能力，全面提高音乐素养。）

2. 教师总结，并规范歌唱站姿及状态。即身体自然直立，保持自然放松，微笑，呈现一种积极向上的状态，也就是精神饱满的状态。

（设计意图：教师的鼓励能够有助于提升孩子们自信心、求知欲，在此基础上再进行正确的引导，树立良好的歌唱意识，会让学生终生受益。）

四、扩展

1. 观看天安门广场升旗仪式视频，了解升旗仪式的礼仪并现场模拟升起仪式。

（设计意图：通过观看、模拟升旗仪式，对国旗产生敬畏感，增强孩子们的爱国情怀。）

2. 通过PPT认识、了解不同国家的国旗，开阔视野。

（设计意图：了解世界其他国家的国旗与文化，培养我们的学生成为一名有国际视野，中国情怀的中国人。）

五、总结、结束

今天我们用歌声表达了对国旗的爱，希望你们好好学习的，热爱自己的祖国，从一点一滴的小事做起，做祖国未来的建设者、接班人。

（执教：深圳市龙岗区丰丽学校　洪玉）

一年级的音乐课

第四课《小进行曲》

教案之一：

第一课时：

教学内容：

1. 学唱歌曲《小列兵》，感受进行曲风格。

2. 初步感受不同速度、不同力度的三段乐曲，并能自由地用动作表现律动音乐《小列兵》。

教学目标：

1. 知识目标：学唱歌曲《小列兵》，巩固和复习"X"、"XX"节奏，学习"X －"这个新节奏。

2. 情感目标：能用自豪神气地情绪演唱歌曲《小列兵》，体验进行曲式的节奏感。

3. 能力目标：初步感知音乐中的速度和力度的变化，并能通过律动的形式表现出来。

教学重难点：

1. 在歌曲学习活动中，巩固"X"、"XX"节奏，掌握"X –"这个新节奏。
2. 能自豪、神气地演唱《小列兵》。
3. 感受进行曲的风格特点。

教材过程：

一、新课导入

1. 今天老师想组建一个小列兵方队参加阅兵仪式表演，你们有信心接受挑战吗？

欣赏中国纪念抗战胜利70周年阅兵仪式片段，感受徒步方队的壮观画面和磅礴气势，使学生对徒步方队感到神气与自豪，乐意加入方队的训练和挑战。

2. 第一关：拍拍、读读

① 2/4 X X X| X X X | X X X | X X X ‖
  吹军 号,哒 哒 哒；打军 鼓,咚咚 咚

② 2/4 X X X | X X X X | X – :‖
  吹军 号， 哒哒 哒哒 哒。
  打军 鼓， 咚咚 咚咚 咚。

③ 2/4 X X X X | X X X X X X | X –‖
  吹起 军号 哒哒 哒哒 哒哒 哒哒 哒。
  打起 军鼓 咚咚 咚咚 咚咚 咚咚 咚。

（设计意图：通过此练习巩固"X"、"XX"节奏，掌握"X –"这个新节奏，并为学唱歌曲做铺垫，解决学唱中的节奏难点。）

二、歌曲学唱

1. 第二关：听听、动动

同学们，让我们一起来玩鼓号手的游戏，请你们听着《小列兵》音乐模仿小号手和小鼓手。

引导学生按照音乐节奏踏步做击鼓吹号动作。

（设计意图：培养学生的聆听习惯，初步感受进行曲风格。）

2. 第三关：听听、敲敲

（1）感受《小列兵》二拍子的强弱规律。

① 请你跟着我来做（随着音乐强拍拍手、弱拍拍肩。）

② 老师的动作有什么特点？有什么规律？（板书二拍子的强弱规律：强和弱。）

（2）请你选择喜欢的打击乐器为歌曲敲出二拍子的强弱规律为歌曲伴奏。

（设计意图：通过听听、拍拍、敲敲充分体验二拍子的强弱规律。）

3. 第四关：读读、比比

① 师有节奏的带读一遍歌词。第3乐句节奏气息较长，提醒学生一口气读完。

② 分男女生两组进行朗读比赛并点评。

（设计意图：通过读读、比比培养学生的节奏感和激发学习兴趣；并充分感受进行曲的节奏特点。）

4. 第五关：唱唱、玩玩

① 跟琴视唱歌谱。

② 填词学唱。

③ 重难点练唱。（如：唱准一字多音的"是"，试试有连音和无连音的区别；第3乐句，气息较长，提醒学生一口气唱完；学会用自豪神气的情绪来演唱等。）

④ 边唱边玩。

循环播放伴奏音乐。第1遍师生歌唱时原地踏步，根据歌词的意思分别表现出小号手和小鼓手的动作；第2遍歌唱时学生与旁边的小伙伴按节拍互相拍手；第3遍时师生接龙演唱。

（设计意图：培养学生视唱歌谱能力，充分利用学生资源，使学生成为学习的主体，并丰富歌曲、表现歌曲，充分发挥学生的表现力和表演欲。）

三、感知音乐中的速度和力度

1. 第六关：创创、演演

（1）模仿小动物的脚步，找出不同动物的脚步声。如：

大象—大步有力地走。

蚂蚁—小步轻轻的走。

乌龟—慢慢吞吞地走。

兔子—蹦蹦跳跳地走。

（2）播放歌曲《小列兵》的律动音乐，学生分组自由扮演小列兵，听音乐变化律动。

音乐快—快步走。　　音乐慢—慢步走。

音乐强—大步走。　　音乐弱—小步走。

2.评一评

教师对学生的表现给予点评，或学生对自己的表现开展自评和他评。

（设计意图：初步感知音乐中的速度和力度的变化，从学生兴趣入手，培养学生专心聆听音乐的习惯。）

四、小结

1.师：同学们，你们的表现真棒！恭喜你们成功加入小列兵的方队，让我们一起踏着进行曲的音乐参加阅兵仪式的表演吧！

2.说心得，谈收获。

（执教：深圳市龙岗区春蕾小学　陈凤）

第四课《小进行曲》

教案之二：

第一课时：

教学内容：

1. 学唱歌曲《小列兵》。
2. 学习新节奏"×—"，并巩固节奏"×"和"××"。
3. 感知音乐中的速度和力度。
4. 为歌曲创编歌词。

教学目标：

1. 知识目标：学唱歌曲，认识、理解并学习新的节奏性型"×—"；探索生活中的其他声源，为歌曲创编歌词。
2. 情感目标：能用自豪神气的情绪演唱歌曲，体验进行曲式的节奏感。
3. 能力目标：感受三段不同速度、不同力度的音乐，并能自由地用动作表现音乐。

教学重难点：

1. 在歌曲学习的活动中，巩固"×"、"××"节奏，掌握"×-"这个新节奏。
2. 感受 2/4 节奏的特点。

教学过程：

一、视频导入

1. 同学们，你们看过阅兵式吗？
2. 今天老师带领大家一起去重温北京天安门前的阅兵式，去感受阅兵的壮观。
3. 阅兵式带给你怎样的感觉？

（设计意图：让学生初步感受军队音乐，感受进行曲的速度，体验自豪的情感，为新课的学习做好铺垫。）

二、歌曲学习

（一）新节奏二分音符的学习

1. 今天老师带大家去体验阅兵式里军队的气势。首先看看老师跟着音乐都做了哪些动作？（踏步、最后一句二分音符位置双手升起来。）

2. 请看谱面，说说老师为什么要在最后一个字把手升起来呢？（最后一个音拖得比较长，是二分音符。）

3. 介绍二分音符。

4. 请生起立，跟音乐踏步，体验进行曲的节奏。

（设计意图：通过聆听，观察动作，让学生去发现节奏的不同，从而积极地去学习并运用新的节奏型，达到理想的学习效果。）

（二）聆听活动，并学唱歌曲

1. 今天老师把和阅兵式里一样的乐器带来了，同学们，你们猜猜是什么？（出示小号和小鼓。）

2. 介绍小号小鼓，请学生用小鼓为歌曲音乐伴奏。

3. 请生模仿小号和小鼓的声音，并为歌曲音乐伴奏。

（设计意图：出示鼓号实物，能吸引学生的注意，激起学生的探索欲望。）

4. 出示歌词，按节奏朗读。

5. 跟音乐学唱歌词，并解决学唱过程中出现的难点。

6. 生活中还有哪些你喜欢的乐器？请生形象地模仿乐器演奏的声音，并根据你的喜好填词到歌曲中。

7. 分组接龙唱。

（设计意图：让学生积极思考，去积累、创造，发挥学生的潜能，师生合作、生生合作，达到良好的课堂效果。）

（三）即兴创编

1. 用动作来模仿歌曲中的乐器演奏，把按节奏踏步贯穿歌曲节奏，模拟鼓号队的表演。（请个别学生展示表演。）

（设计意图：发挥学生的想象，积极创编肢体动作去表现音乐，给学生创造展示自我的机会。）

2.分组展演，如：把学生分组，分别有感情地演唱歌曲；用鼓号为乐曲伴奏；用肢体语言表现音乐、去体验音乐的乐趣。

三、感知音乐中的速度和力度

1.听音乐，说说他们的相同和不同之处？聆听《小列兵》"音乐快、慢、强、弱"的不同版本并回答问题。（旋律相同，力度速度不同。）

2.三段速度不同的音乐给你的感受也不一样，你能用合适的动作来表演音乐吗？（跟随音乐的快慢强弱去变化步伐。）

（设计意图：使学生进一步理解音乐，在表现音乐的过程中，学生可以自由发挥，也可以借鉴其他学生好的做法，促进了学生间的相互交流。）

四、小结

同学们，今天在我们的课堂上，都有哪些收获？觉得大家的表现怎样？

学生分组来总结自己课堂上的表现和收获，教师总结学生课堂上的表现，并对下节课提出新的要求。

（设计意图：发挥学生自我评价的作用，使学生了解自己和他人的进步，为以后的学习树立良好的自信心。）

五、课后作业

把自己学会的歌和创编的新歌唱给家人听。

（设计意图：培养学生的变现意识。）

（执教：深圳市龙岗区坂田爱爱学校　吴洁）

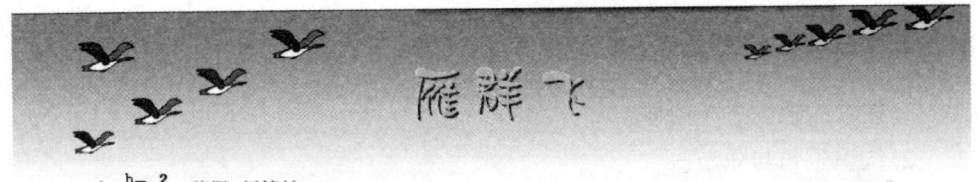

第五课《雁群飞》

第一课时：

教学内容：

1. 学唱歌曲《雁群飞》。
2. 学习简单乐理知识：乐节与乐句。

教学目标：

1. 引导学生用优美、圆润的声音演唱歌曲《雁群飞》。
2. 通过聆听、律动、绘画创作、演唱等活动，引导学生感受音乐的美，调动学生的学习兴趣。
3. 培养集体主义意识，弘扬民族文化。

教学重难点：

1. 按歌曲感受进行绘画。
2. 认识乐句与乐节。
3. 为歌曲创编动作。

教学过程：

教学环节	教师活动	学生活动	设计意图
一、导入	1. 听伴奏请小朋友为歌曲绘出美丽的图案。 2. 说一说，这首音乐给你们什么样的感觉？你为什么这样画？ 3. 播放大雁南飞的伴奏聆听老师演唱。 4. 提问：老师的歌词出现哪些场景？ 5. 将小朋友绘画作品贴于黑板，老师根据图画朗诵歌词。 6. 让学生猜一猜今日要学习的歌曲名，老师揭题。	拿出分发的白纸自由表现。积极发言表达自己绘画的场景。 初次感受音乐感受歌词带来的柔和抒情的感觉。轻声读歌名。	把绘画融入到音乐中，提高学生学习兴趣并让学生感受音画结合的美感在导入活动中建立歌曲的初步印象。
二、学唱新歌	1. 初次聆听歌曲演唱，结合自己的绘画感受音乐的美。 2. 跟老师有节奏的朗诵歌词。 3. 学生跟老师琴声完成朗诵。 4. 复听歌曲，找出歌曲中相同乐句。 5. 找出相同乐句并轻声哼唱，老师演唱不同乐句。 6. 分组换角色演唱歌曲相同乐句与不同乐句。 7. 完整哼唱。 8. 填入歌词用优美的声音完整演唱。	聆听歌曲演唱，感受歌曲。 听教师朗诵歌词，认识生字。 跟琴声朗诵，感受音乐并了解歌曲内容所描述的画面。 了解乐节与乐句。 在学唱中比较乐句的异同。 在老师引导下唱好歌曲旋律。	 引导学生懂得用自然圆润的声音演唱歌曲。 加强学生对音乐小知识的认识。 在乐节乐句学习的过程中完成歌曲旋律的学唱。

（续表）

三、创编	以熟悉乐句为主，将小朋友分为两组，一组为相同的乐句创编不同动作，二组为不同乐句创编。老师结合小朋友创作的动作为歌曲做律动。全班一起结合视频做律动并演唱歌曲。	在老师引导下，学生积极参与到动作的创编，帮助学生提高学习兴趣。	让学生亲身参与到音乐实践中，培养学生创新精神，激发学生发散思维。
四、教学拓展	（1）提问小朋友知不知道大雁飞行为何这么整齐？ （2）师引导小朋友了解大雁齐飞的原因，并告诉同学们集体主义意识，培养学生团结友爱精神。	学生相互讨论大雁飞行的特点，加强小组合作意识。	培养学生爱国情操，弘扬文明精神。
五、总结	（1）愉快的时光怎么这么短呢？今天的课就要结束了，同学们你们今天都有哪些收获呢？ （2）听学生的发言，教师总结并评价，鼓励表扬同学们。	学生各抒己见，自由发言。	回顾一节课的内容，帮助学生梳理，加强学生对知识的掌握。

（执教：深圳市龙岗区建文外国语学校　唐慧）

一年级的音乐课

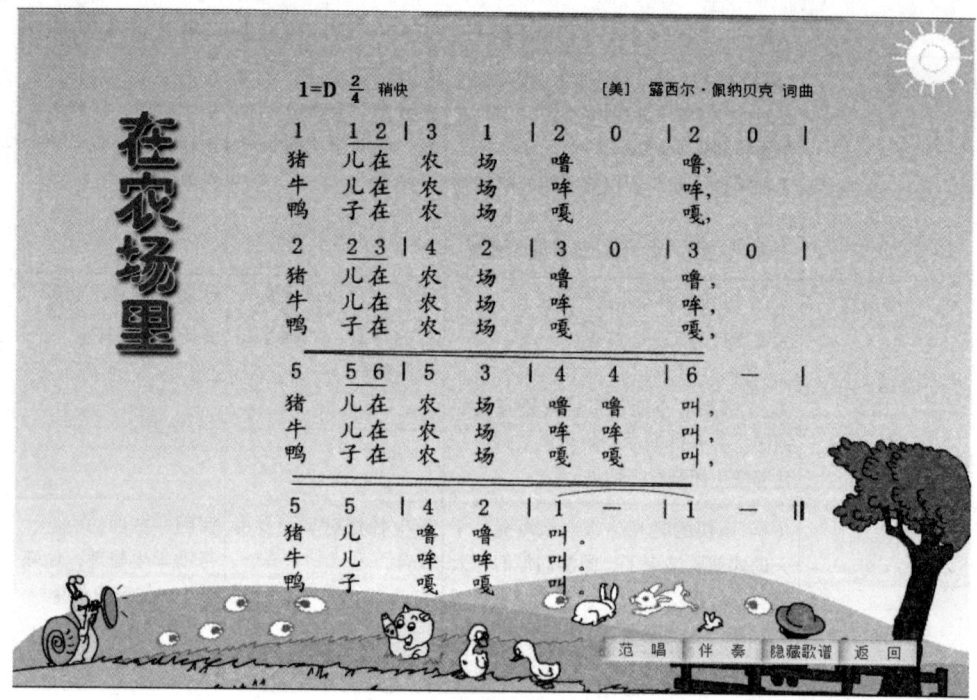

第六课《在农场里》

教案之一：

第一课时：

教学内容：

1. 在游戏律动中体验、掌握"XX、X、X—"三种节奏时值的长短关系。
2. 学会歌曲《在农场里》。

教学目标：

1. 能力目标：能够完整、准确、有感情地演唱本首歌曲。
2. 知识目标：

（1）通过模仿小鸡、狗儿、猫儿这3种学生熟悉的叫声与学唱歌曲《在农场里》，让学生进一步体验、复习和巩固"×"、"× ×"与"× —"3种节奏时值的长短关系。

（2）能拍读出由"×"、"× ×"与"× —"这3种节奏构成的节奏多声游戏。

（3）在老师的帮助下，尝试根据自己熟悉的动物叫声为歌曲编词演唱。

3. 情感目标：提供开放式和趣味性的音乐学习情景，激发学生对音乐的好奇心和探究愿望。

教学重难点：

1. 复习和巩固"×"、"× ×"与"× —"3种节奏。
2. "×""× ×""× —"三种长短不同的节奏；歌曲创编。

教学过程：

一、乘坐小火车旅游，引入新课。

1. 观察旅游地点，初步感受歌曲。
同学们，今天老师要带着大家一起坐上小火车去旅游咯！（播放音乐一起开着小火车出发。）音乐停，师出示PPT，我们到了什么地方？你们知道吗？
2. 这是有趣一个农场。农场里有什么？由师生共同用语言描绘农场里的花草树木和动物等，在学生和老师共同设计想象中的农场时，轻轻地放出背景音乐《在农场里》，让学生对歌曲旋律有初步的印象。
（设计意图：直观的视觉感受，结合学生的认知特点，激发学生学习兴趣。）

二、聆听歌曲

1. 瞧！动物们玩得多开心呀！你们听,它们在欢迎我们哩！同学们,你们听,它们在用最特别的方式欢迎我们。（播放歌曲。）
2. 同学们，刚才我们听的这首歌叫《在农场里》，小动物们的叫声真好听，它们就是用它们独特的声音欢迎大家的。你听出来了，它们欢迎的声音吗？（再次聆听歌曲。）
3. 那我们就请同学们都来学学动物的叫声，把它们请出来吧。
学生表演动物叫声，教师评价并把相关动物的图片贴到农场图画中。
（设计意图：通过模仿来丰富学生的形象思维，开发学生的创造性潜质。）

三、师生合作，学唱歌曲。

1. 同学们学得真像。在歌曲里有哪些小动物跟我们打招呼了？
（板书：猪儿、牛儿、鸭子。）
它们是怎样和我们打招呼的？
（猪儿：噜噜。牛儿：哞哞。鸭子：嘎嘎。）
2. 出示歌词，按照歌词进行朗读。
3. 有节奏的读歌词。
①教师读前面部分，学生读叫声部分（强调第１２句的噜要断得干净。第３４句的噜噜叫要唱得舒展。）
②学生分组进行角色朗读。
4. 学唱歌曲。
①教师范唱整首歌曲，学生在心里默唱。
②学生轻声哼唱。
③教师演唱前半句，学生演唱后半句。
④完整地演唱整首歌曲。

（设计意图：在设置情境之后学习歌曲，同学们的学习兴趣会更浓厚，学习效率会大大的提高，而且利于歌曲的渗透。）

四、自由选择，表演歌曲。

小朋友唱得真棒！老师给大家带来了这三只小动物的头饰，你选择一个你喜欢的，我们边唱，边加上我们的动作进行表演好不好？
1. **个别表演**：同学们挑选自己喜欢的动物，随音乐随音乐进行表演。
2. **集体表演**：唱到哪种动物代表哪种动物的组就起立表演。没轮到的组就拍手为他们伴奏。

（设计意图：给孩子在课堂自由表现的机会，为孩子创造理解音乐和节奏的空间，培养学生的自信心。）

五、小组合作，创编歌曲。

1. 看大家玩得这么高兴，还有一些小动物们也想加入，请大家闭上眼睛，听听它们的叫声，猜猜是谁来了？
好，现在睁开眼睛，我请同学们来学学它们的叫声。

小鸡：jiji　jiji ｜ jiji　jiji

小狗：wang　wang ｜ wangwang

小猫：miao- ｜ miao-

节奏多声部练习（逐个增加声部，尝试三声部节奏练习。）

2.学生改编词。

我们听到了它们的叫声，好像在说要加入农场。该怎么把歌词改一改，把它们请进来呢？

老师示例：小鸡在院里｜jiji｜

学生尝试创作，并在小组内分享。

②小组汇报，说说自己是怎样改的？集体改词演唱。

你还想请你哪些动物来呢？唱一唱。

（设计意图：通过创编，进一步的让学生掌握歌曲中的节奏，同时培养学生创作的能力，懂得与他人合作，欣赏他人。）

六、回顾歌曲，体验成功

今天真是太高兴了，动物朋友们高兴的一起唱起歌来，我们也一起来吧。

分组扮演各种动物。先唱原曲，再把创编的歌词加上。

（设计意图：巩固歌曲的演唱，让学生表现自己的创编，提升学生的对音乐的喜爱，培养学生的自信心。）

七、拓展提升，总结收获

今天我们和这么多小动物见面，一起唱歌跳舞，你们玩的开心吗？老师有几个问题要问大家，你们最喜欢什么动物？为什么？是怎样对待他们的？

同学们回答的都很好，音乐农庄里的这些小动物我们都很喜欢，因为他们是我们人类的好朋友，我们要善待他们，爱护他们，善待动物就是善待我们自己，保护好动物也是保护好我们人类自己。

（设计意图：通过学生回答与表现，让他们体验人与小动物之间的自然亲密的关系，引导学生"不仅仅要爱护小动物，还要爱我们身边的一切。）

（执教：深圳市龙岗区龙岭学校　周芳）

第六课《在农场里》

教案之二：

第一课时：

教学内容：

1. 在游戏律动中体验、掌握"XX、X、X—"三种节奏时值的长短关系。
2. 学会歌曲《在农场里》。

教学目标：

1. 知识目标：在音乐游戏、模仿体验中学会歌曲《在农场里》。
2. 能力目标：
（1）通过模仿火车的声音和动物的叫声，体验"XX、X、X-"三种节奏时值的长短关系，并拍读出这三种节奏构成的节奏多声部游戏。
（2）在老师的引导下分小组尝试创编词演唱。
3. 情感目标：从音乐中感受动物的可爱形象，懂得动物是我们人类的好朋友。

教学重难点：

1. 体验、掌握"XX、X、X-"三种节奏时值的长短关系；学会歌曲《在农场里》。
2. 拍读出这三种节奏构成的节奏多声部游戏。

教学过程：

一、导入

1. 创设情景，老师变身导游，带学生搭乘火车参观农场：今天，老师带同学们去农场参观，听！火车来了。

（设计意图：通过情景教学，激发学生的好奇心和探究欲望，为学生提供趣味性的学习方式，使之积极主动地参与到课堂学习中。）

2.初步感受节奏：

（1）教师模仿火车由远及近进站的声音（渐强）。

呜 — 呜 — ｜ 咔 嚓咔嚓 ｜ 咔嚓咔嚓咔嚓咔嚓 ‖

（2）节奏模仿，教师示范（1），学生模仿：请同学们跟老师一起来给火车加加油。

（3）分 ABC 三组合作，巩固节奏。

A：呜 — ｜ 呜 — ‖

B：咔嚓 ｜ 咔 嚓 ‖

C：咔嚓咔嚓 ｜ 咔嚓咔嚓 ‖

（设计意图：通过聆听、模仿、小组合作的形式，感受、表现"XX、X、X—"三种长短不同的节奏，同时初步体验力度的变化，为多声部节奏游戏和歌曲力度处理学习做铺垫。）

二、歌曲学习

1.旋律学习：到达农场须经过魔女山，我们得唱出山前的魔咒，才能通过：

（1）听魔咒，教师弹奏歌曲旋律，要求学生安静聆听。

（2）再次聆听，并在心里默唱。

（3）跟琴轻声哼唱，评价学生，根据情况给予指导。

（4）全体学生唱出魔咒，通过魔女山。

（设计意图：音乐是声音的艺术，创设情境让学生在自然而然、潜移默化中接受音乐，在熟悉歌曲旋律的同时为下一步歌曲学唱做铺垫。）

2.了解歌曲内容（歌词）

（1）播放歌词里出现动物（小猪、牛和鸭子）的声音：通过魔女山，我们到了，小动物在跟我们打招呼呢!

（2）教师引导学生按歌曲中的节奏模仿动物的叫声：我们也来跟他们打声招呼吧。

（设计意图：通过模仿动物的叫声，提高学生的学习兴趣，学会歌曲的节奏，为学唱歌曲做铺垫。）

3.听歌曲范唱

（1）小动物们还编了首歌曲迎接我们呢！听听都有谁?

（2）再次聆听并设问：歌曲唱了什么?

（3）最后引导学生边听音乐边尝试用动作模仿歌曲中小动物的动作。

（设计意图：带着不同的问题在变化中聆听，熟悉歌曲的同时，为下一步歌曲学唱做准备。）

4. 学唱歌曲：让我们加入到这些小动物中一起唱吧。

（1）师生接龙唱：出现动物叫声的地方由学生唱，其他曲谱由教师唱。

（2）先邀请部分学生跟老师一起唱，熟悉后教师退出，生生合作。

（3）运用手号帮助学生唱准歌词、节奏相同，二度模进的一二句（4）评价学生的演唱，根据具体情况给予指导。

（设计意图：通过趣味地师生接龙游戏、手号辅助，生生合作等方式让学生唱会歌曲。）

5. 歌曲力度的处理：

（1）分别给最后两个乐句加上渐强和渐弱的记号。

（2）听老师分别演唱不加记号与加记号的，听辨两者的区别，体验用了力度记号之后歌曲演唱效果的变化。

（3）启发学生用优美的声音，把渐强渐弱运用到三四句中，完美地表现歌曲。

（设计意图：通过对比听辨、聆听体验的方式认识力度记号，并运用到歌曲演唱中表现歌曲。）

6. 律动：看小动物们跳起舞来啦，请全体学生和着歌曲伴奏，自己创编动作边唱边跳，也可以模仿老师一起跳。

（设计意图：以模仿或创编的方式力求让每个学生都参与到音乐活动中，注重学生个性的同时面向全体学生，以自己的方式表现音乐，享受音乐。）

三、多声部节奏游戏：我们去看看农场里还有哪些小动物

1. 教师出示动物图片及节奏谱，学生模仿动物叫声：miao— ｜ miao— ｜ wangwang｜ wangwang｜ jijijiji｜ jijijiji｜

2. 分成三组模仿动物叫（二分音符、四分音符、八分音符）

A组：miao — ｜ miao — ｜

B组：wangwang ｜ wangwang ｜

C组：jijijiji ｜ jijijiji ｜

3. 运用奥尔夫传声游戏方法，按节奏传三种动物的叫声，通过每组同学进声位置的不同（隔两小节）的方法，自然形成三个节奏声部（要求：声音要轻、耳朵要听其他组同学的声音。）

（设计意图：模仿三种动物的叫声，运用奥尔夫传声游戏方法调动提高学生的学习热情，在轻松愉快中进一步体验、复习巩固"XX、X、X—"三种节奏。）

四、引导学生创编歌词

1. 出示动物图贴：很多小动物也想加入进来，请你来帮帮它们。

2. 板书：【 ）【 ）在 【 ）【 ）| 【 ）0| 【 ）0| 学生说，老师在固定框里写，如：

小鸡在| 院 里| ji 0| ji 0|

狗儿在| 门 前 wang 0| wang 0|

猫儿在| 屋 里 miao 0| miao 0|

3. 一起唱唱新创编的歌词：现在让我们跟这些小动物们一起狂欢吧。

（设计意图：通过让学生创编，发挥学生的想象力和创造力，同时进一步熟悉歌曲旋律。）

五、拓展

1. 欣赏《可爱的动物》：同学们，今天到农场参观认识了许多的小动物，并和他们做朋友一起唱唱跳跳，动物是人类的好朋友，我们要爱护它们、保护他们。

2. 小结，师生共同回忆归纳整节课的内容。

3. 表现歌曲：最后让我们最后唱着歌曲回去吧。请部分同学演唱歌曲，部分同学创编动作随歌曲伴奏边唱边跳，部分同学尝试用"XX、X、X—"三个节奏为歌曲伴奏。

（设计意图：对本课做扩展、总结归纳。在最后的参与活动中即兴创作，展现学生的个性和创造才能。）

（执教：深圳市龙岗区扬美实验学校 张育静）

一年级的音乐课

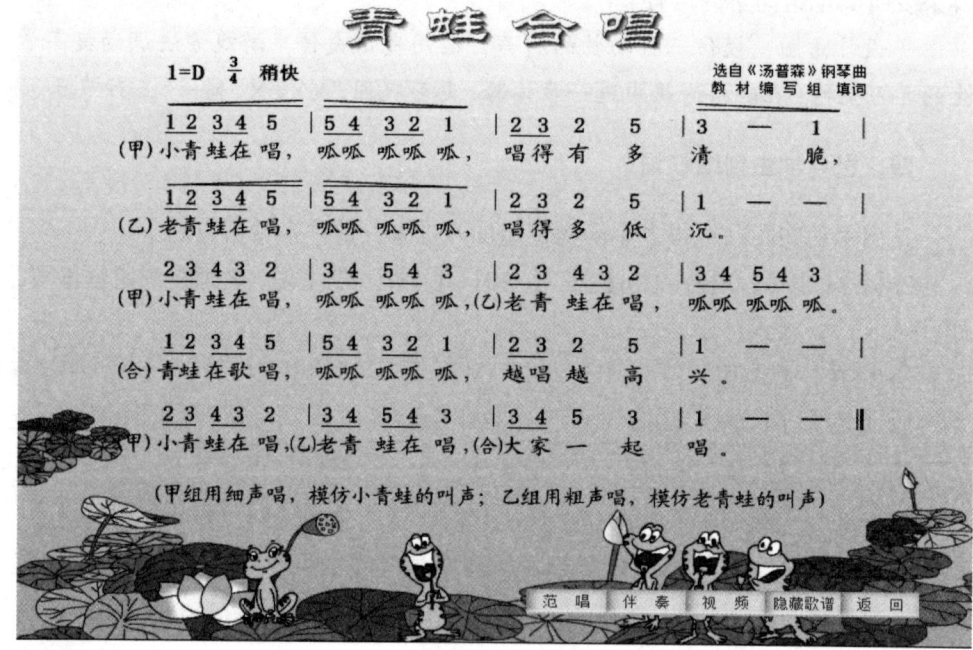

第七课《听听声音的高低》

教案之一：

第一课时：

教学内容：

1. 学唱《青蛙合唱》，在学唱过程中让学生体会音阶上行音越来越高和下行音越来越低给我们带来的感受。
2. 用乐器为歌曲伴奏。

教学目标：

1. 知识目标：在参与歌唱的活动中体验音阶上行音越来越高和下行音越来越低。
2. 情感目标：能区别并表现出渐强、渐弱力度记号和没有力度记号的区别，并能用不同音色表现老青蛙和小青蛙的声音。

3. 能力目标：学习蛙筒和手板的演奏方法，区别出它们音色的不同，并用它们为歌曲伴奏。

教学重难点：

1. 学会歌曲《青蛙合唱》，并能唱准难唱的乐句。
2. 用不同的声音表现不同的角色。
3. 学会用渐强渐弱的力度变化演唱歌曲。

教学过程：

一、新课导入

1. 老师说谜面，学生猜谜底。

（谜面：小小游泳家，说起话来呱呱呱，小时有尾没有脚，大了有脚没有尾——青蛙。）

2. 你们看到过青蛙吗？他是怎么叫的？你能模仿一下吗？
3. 老师也会学青蛙叫，你们听听和你们叫的有什么不同？

3/4　1 2 3 4　5 |

呱呱 呱呱 呱

4. 你们耳朵真厉害，听觉非常好，能不能跟老师试一试这种青蛙叫法。

（老师带领学生一起练习，并用手势引导学生熟悉音高走向。）

5. 青蛙除了越来越高的叫法还会有什么叫法呢？（老师可以用手势提醒。）

　3/4　5 4 3 2　1 |

呱呱 呱呱 呱

6. 师生接龙模仿青蛙叫声。师上行，生下行，练好以后生上行师下行。

（设计意图：通过猜谜语的形式导入到模仿青蛙的声音，再通过模仿青蛙叫声把歌曲出现最多的乐句学会，为歌曲学习做铺垫。）

二、学唱歌曲

1. 请同学们听歌曲，听听有哪些队员参加了青蛙合唱？

（播放歌曲。）

2. 它们的声音有什么不同呢？

（一个声音很粗一个声音很细，一个清脆一个低沉……）

3. 请你跟老师的琴声模仿小青蛙清脆的声音（在琴上移调练习）

1 2 3 4 5 | 5 4 3 2 1 |

小青蛙在 唱 呱呱呱呱 呱

4. 请你跟老师的琴声模仿老青蛙低沉的声音（在琴上移调练习）

1 2 3 4 5 | 5 4 3 2 1 |

老青蛙在 唱 呱呱呱呱 呱

（设计意图：通过移调让学生从听觉上区分小青蛙的声音比较高、比较细，老青蛙比较粗、比较深沉。）

5. 学生可以区分老青蛙小青蛙清脆低沉的音色后，将学生分为两组，一组老青蛙，一组小青蛙，两种音色一起和老师接龙游戏。

师： 1 2 3 4 5 | 生： 5 4 3 2 1 |

青蛙在唱 歌   呱呱呱呱 呱

跟琴接龙演唱歌曲前两句

生：小青蛙在唱，呱呱呱呱呱   师：唱的有多清脆。

生：老青蛙在唱，呱呱呱呱呱   师：唱的多低沉。

6. 提醒学生两句的结尾处有一点点变化，在演唱时老师用手势区分两句旋律的区别。

2 3 2 5 | 3 — 1 |

2 3 2 5 | 1 — — |

（学生单独练习后面两小节，练好基础上，师生互换接龙游戏。）

7. 再听歌曲，小青蛙和老青蛙是怎么唱的？

8. 单独练习（小青蛙）2 3 4 3 2 | 3 4 5 4 3 |

小青 蛙在 唱 呱呱 呱呱 呱

（老青蛙）2 3 4 3 2 | 3 4 5 4 3 |

老青 蛙在 唱 呱呱 呱呱 呱

9. 我们现在比赛看看小青蛙唱的好还是老青蛙唱的好！（分组练习）

10. 完整演唱歌曲，找出哪几句是小青蛙演唱的，哪几句是老青蛙演唱的，哪些是一起演唱的？

11. 听老师演唱歌曲，听一听老师唱的和你们唱的有什么区别？

（加入渐强减弱力度记号演唱歌曲。）

12. 同学们非常棒，越来越大声我们叫渐强"<"，越来越小声我们叫渐弱">"，我们一起试一试加上力度记号来演唱歌曲。

13. 分角色演唱歌曲，体会小青蛙和老青蛙音色的区别。

（设计意图：通过学生自己的听辨感受来区分出音色的区别、力度的变化。）

三、认识乐器

1. 今天老师带来了两个好朋友，有没有同学想上来玩一玩，看看他是怎么发出声音的。（找个别学生上来试一试。）

2. 这两件乐器的名字叫手板，蛙筒。

（介绍演奏方法，请几个学生模仿老师的方法演奏乐器。）

3. 老师想用这两件乐器为小青蛙和老青蛙伴奏，你觉得哪件乐器适合小青蛙？哪件乐器适合老青蛙？为什么？

（小青蛙用手板，因为声音清脆；老青蛙用蛙筒，因为声音低沉。）

4. 我们现在一起用乐器为歌曲伴奏，注意强弱力度变化。

（全班分成两大组，分别扮演小青蛙和老青蛙。）

（设计意图：通过感知音色的区别来选择合适的乐器伴奏，使学生对乐器的音色有所了解。）

四、拓展

学生分为两大组，一组唱歌，一组分别演奏两种乐器，注意力度变化。

五、课后作业

今天我们学习了一首《青蛙合唱》，同学们唱会了，但是老师希望下节课声音能够唱的再优美温柔一点。老师还有一个小作业，请同学们回家自己找到可以制作手板和蛙筒的物体，自己制作一个小乐器下节音乐课带过来。

一年级的音乐课

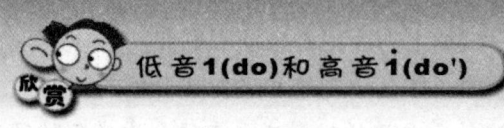

第二课时

教学内容：

1. 复习歌曲《青蛙合唱》，强调力度、音色的变化。
2. 听辨音的高低，并在演唱歌曲《低音do和高音do'》中能用肢体动作表现出来。

教学目标：

1. 知识目标：感知音的高低，能够在高音和低音处通过肢体表现出来。
2. 情感目标：能正确区分大声和小声与高音和低音的区别，能有用优美的声音演唱歌曲。
3. 能力目标：能区别音条的高低音，并在演唱歌曲《低音do和高音do'》中正确的演唱出来。

教学重难点：

1. 感知音的高低，并在歌曲中能够正确的唱出来。
2. 通过听、动、唱等不同的方法感知音的高低。

教学过程：

一、复习歌曲

1. 全班同学跟琴一起演唱《青蛙合唱》。
（哪里没有唱好再纠正，注意力度变化。）
2. 分组分角色演唱歌曲。
3. 请同学们拿出自己制作的小乐器，一起为歌曲伴奏。
（播放歌曲范唱，学生集体为歌曲伴奏。）

二、新课教学

（一）感知音的高低

1. 我们生活中会听到很多声音，这些声音有高有低，你能找一找生活中哪些动物的声音比较高？哪些比较低？
（小鸟的声音比较高，比较细……老虎的声音比较低……）
2. 你能模仿他们的声音吗？
（模仿鸟叫声和老虎水牛的声音。）
3. 老师先弹奏标准音 la，后面弹的音如果比 la 高，请你摸摸头，如果低请你拍拍胸。
4. 老师觉得我们的低音还可以再低一点，请你们设计一个动作表现更低的音。（高音站立举起双手，低音蹲下，刚开始让音的高低跨度大一点，慢慢让音接近一点）老师先弹奏标准音 la，后面弹的音如果比前面高请你摸摸头，如果低请你拍拍胸。

（设计意图：通过此方法，让学生逐渐提高对音的高低的辨别能力。）

（二）认识音条低音 do 和高音 do'

1. 老师用音条演奏两个音，你们听听有什么区别？
（分别演奏低音 do 和高音 do'，一小节敲一下。）
2. 你们说对了，一个高一个低，有没有同学想来试一试？
（模仿老师的方法敲奏两个音条，如果方法不正确可以进行指导。）
3. 老师演唱歌曲《低音 do 和高音 do》，请两个同学上来敲音条，到了低音 do 就演奏低音 do，到了高音 do' 就演奏高音 do'。

一年级的音乐课

4. 老师演唱歌曲《低音 do 和高音 do》，到了高音 do' 请同学们举起手，到了低音 do 请同学们轻轻拍腿，请两个同学敲奏音条高音 do' 和低音 do。

5. 请我们的两位小小演奏家回答老师，低音音条和高音音条长的有什么不同？

（长一点的音条声音低，短一点的音条声音比较高。）

6. 听歌曲，请同学们跟老师一起到高音的地方手举过头顶拍手，在低音的地方拍腿。要求要按照歌曲的节奏拍哦，我们先练习一下吧。

（课件出示节奏型"XX X｜XX X｜"。）

（根据学生情况，可多做几次练习，学生逐渐对歌曲也更加熟悉。）

（设计意图：通过各种动作，感知音的高低。）

（三）学唱歌曲

1. 老师发现有的同学做动作特别认真，我们请认真的同学上台来，一起配合表现歌曲，其他同学跟老师的琴一起演唱歌曲。

（人数可以稍微多一点，排成一纵队，其他同学演唱的时候跟节奏踏步，唱到高音 do' 时原地不动，第一个人拍手，后面的人拍前面的人肩膀；低音的地方拍自己的腿。）

2. 老师又发现了有的同学演唱的时候特别卖力，声音很大，你们觉得这样唱好听吗？

（学生认为高音就要声音大，及时纠正，声音高不代表声音大，老师来范唱两种唱法学生对比，应该用哪一种方法来演唱。）

3. 请同学们想一想，应该用怎样的声音演唱高音，怎样的声音演唱低音？

（高音高亢、明亮，低音低沉、暗淡。）

4. 我们一起用这样的声音完整的演唱一遍歌曲。

5. 全班学生围成一个圆圈，边唱歌去边做律动。

（老师弹琴可以多反复几次以加强以巩固所学内容，演唱"听听我的声音高"时按节奏踏步，演唱"1 1 1｜1 1 1｜"时立定按节奏拍前面人的肩膀；演唱"听听我的声音低"时按节奏踏步，演唱"1 1 1｜1 1 1｜"时拍自己的腿。）

（设计意图：通过听、动、唱等一系列的活动循序渐进感知音的高低，熟悉歌曲的旋律，潜移默化中学会歌曲。再最后一遍的律动活动中，多反复几次对歌曲以及音的高低有更加深刻的印象。）

三、总结、下课

同学们,今天这节课和上节课我们一起通过学习歌曲以及律动表演感受了音的高低。在学习《青蛙合唱》这首歌时,我们还体验了音阶的上行和下行,希望在以后的学习中我们能掌握更多的音乐本领。

播放歌曲,全班同学随音乐一起律动离开教室。

(执教:深圳市龙岗区实验学校　吴西影)

第七课《听听声音的高低》

教案之二：

第一课时：

教学内容：

1. 学唱歌曲《青蛙合唱》。
2. 熟练掌握蛙筒和手板的演奏方法，区别两种乐器的音色，并为歌曲伴奏。

课时目标：

1. 知识目标：学会演唱歌曲《青蛙合唱》，并能够熟练掌握手板和蛙筒的演奏。
2. 情感目标：从音乐中感受青蛙的可爱形象，通过扮演不同角色的青蛙来培养学生的音乐兴趣，让学生热爱大自然，并懂得青蛙是我们人类的好朋友。
3. 能力目标：通过多种音乐实践活动，初步让学生建立音的高低概念。

教学重难点：

1. 用不同的声音来表现不同的角色。
2. 学习手板和蛙筒的演奏方法，区别音色并为不同角色伴奏。

教学过程：

一、导入

同学们，听听今天我们的音乐课堂里来了什么新朋友？
1. 听音填词
（1）3/4 1　　23　4　　5 | 5 43 2　 1 |
（小）(青)(蛙)在 唱　呱呱 呱呱 呱
（2）3/4 1　　23　4　　5 | 5 43 2　 1 |
（老）(青)(蛙)在 唱　呱呱 呱呱 呱

（老师来演唱，学生填空）什么动物的叫声？叫声有什么区别？（青蛙，一个清脆一个低沉。）

2. 你能分别模仿老青蛙和小青蛙吗？（引导学生用清脆和低沉的声音模仿老青蛙和小青蛙。）

3. 我们来唱一唱旋律（引导学生感受上行和下行旋律）请同学们随着音乐高低的变化，慢慢起立和慢慢坐下。（引导学生边唱边用身体感受音高的变化。）

（设计意图：导入创设青蛙歌唱的意境，并初步感受上行和下行旋律。）

二、新授

（一）出示课题

青蛙们要在举行一场池塘音乐会，黑板上贴出池塘的挂图，请你为这场音乐会取个名字：（青）（蛙）合唱。

（设计意图：创设情境，让学生为歌曲取名，出示课题。）

歌曲聆听及乐器认识：

1. 开幕式的音乐响起了，欢迎青蛙们入场。（播放歌曲，老师跟随音乐在池塘的挂图上贴上几只小青蛙和老青蛙的图片。）

2. 认识乐器

（1）出示手板和蛙筒，让学生轮流摸一摸，敲一敲，说一说它们有什么样的音色特点。

（2）介绍两种乐器：手板和蛙筒，思考：分别用哪种乐器来表现小青蛙和老青蛙？如何来进行伴奏？（小青蛙用手板，老青蛙用蛙筒。）

（3）播放歌曲，请学生代表用乐器在青蛙歌唱的乐句进行伴奏。

（设计意图：通过情景设置与乐器认识及伴奏初步熟悉歌曲旋律，并感受乐器音色的不同。）

（二）乐句学唱

1. 听听看第一个出场的是谁？出示并播放第一乐句。

1 2 3 4 5	5 4 3 2 1	2 3 2 5	3 — 1
小青蛙在唱，	呱呱呱呱呱，	唱得有 多	清 脆，

学唱第一乐句曲谱、歌词。

2. 听听看下面出场的是谁？出示并播放第二乐句。

一年级的音乐课

```
1 2 3 4 5 | 5 4 3 2 1 | 2 3 2  5 | 1 — — |
老青蛙在唱， 呱呱 呱呱 呱， 唱得多 低  沉．
```

学唱第二乐句曲谱、歌词。

听听老师唱的，和你们唱的有什么不同？（带有渐强渐弱地演唱。）

你能模仿老师这样演唱吗？（引导学生唱出力度的变化。）

4. 听听下面小青蛙和老青蛙是怎么样合作的？出示并播放第三乐句。

```
2 3 4 3 2 | 3 4 5 4 3 | 2 3 4 3 2 | 3 4 5 4 3 |
小青蛙在唱， 呱呱 呱呱 呱， 老青 蛙在唱， 呱呱 呱呱 呱．
```

学唱第三乐句曲谱、歌词。

5. 听听接下来又是怎样的声音？出示并播放第四乐句。

```
1 2 3 4 5 | 5 4 3 2 1 | 2 3 2  5 | 1 — — |
青蛙在歌唱， 呱呱 呱呱 呱， 越唱越 高  兴．
```

学唱第四乐句曲谱、歌词。

6. 听听青蛙们是怎么样结束演唱的了？出示并播放第五乐句。

```
2 3 4 3 2 | 3 4 5 4 3 | 3 4 5  3 | 1 — — ‖
小青蛙在唱， 老青 蛙在 唱， 大家一 起  唱．
```

学唱第五乐句曲谱、歌词。

7. 我们来完整演唱歌曲。（出示完整曲谱。）

8. 请手板和蛙筒和青蛙们一起歌唱。（边唱边用乐器伴奏。）

（设计意图：让学生带着好奇心来聆听每一乐句，学唱并能用不同的声音和乐器来感受小青蛙和老青蛙的声音特点。）

（三）参与表演

1. 青蛙们为我们带来了美妙的音乐，一起来观看精彩的演出吧。（播放视频。）

2. 它们邀请我们也一起来参与他们的音乐会。请同学们拿起你们手中的乐器，为他们伴奏。（播放歌曲，同学手板、蛙筒伴奏。）

3. 老师要施魔法了，我要把同学们也变成小青蛙，去池塘里参加音乐会，变！（把青蛙头饰发给同学们，有手板的同学扮演小青蛙，有蛙筒的同学扮演老青蛙。）老师伴奏，学生演唱。

（设计意图：通过游戏活动，让学生们整体参与和融入到热闹的池塘演唱会里。）

三、总结

1. 同学们，今天认识了两个乐器新朋友，他们是：（手板、蛙筒）他们的声音有什么特点？

2. 我们用他们为哪首歌曲来伴奏了？（青蛙合唱）

3. 观看介绍青蛙的视频：我们要爱护小青蛙！

4. 同学们，青蛙平时是怎么样行进的？（跳跃）让我们模仿青蛙跳跃的步伐，跟随音乐一起离开教室吧。

（设计意图：回忆和总结歌曲和乐器特点，了解青蛙的益处。）

第二课时：

教学内容：

1. 学会演唱歌曲《低音1（do）和高音1（do⁻）》。
2. 用 X X X 节奏型为歌曲伴奏。

课时目标：

1. 知识目标：用正确的声音演唱歌曲《低音1（do）和高音1（do⁻）》，学习"do"手号，掌握 X X X 节奏型并为歌曲伴奏。

2. 情感目标：体验到生活中音的高低无处不在，并且充满趣味。

3. 能力目标：让学生在歌曲的演唱和表现中感受低音和高音；并能够准确敲击音条 do 和 do⁻。

教学重难点：

1. 用正确的声音和位置来演唱 do 和 do⁻。
2. 用音条按照 X X X 节奏为歌曲伴奏。

教学过程：

一、导入

1. 同学们，我们的音乐课堂里来了新朋友，听听他们是谁？（播放小鸟和老牛的叫声。）

2. 全班分成两组，请你们分别来模仿小鸟和老牛的叫声。（叽叽，哞哞）

读一读：X XXX XX

叽叽叽哞哞哞

3. 想一想：小鸟和老牛，谁的声音高？谁的声音低？

4. 讨论：声音大就是声音高吗？声音低就是声音小吗？

5. 还有什么动物的声音高？什么动物的声音低？

6. 我们生活中，有哪些声音高？哪些声音低呢？

7. 小结：生活中有很多有趣的声音，有的声音高有的声音低。我们现在知道了声音的高低，以后请小朋友们多多留意你身边的声音，让我们拥有一双灵活的小耳朵。

8. 小游戏：听听老师弹的音，高音请你站起来，低音请你坐坐好。

（设计意图：通过寻找生活中的声音，建立音的高低的概念，练习听辨声音的高低。）

二、模唱练习

1. 小鸟和老牛也跑到老师的钢琴里来了，请你听听哪个是小鸟，哪个是老牛？（老师弹奏钢琴 do⁻do⁻do⁻ dodo do）

2. 你们分别来唱唱小鸟和老牛的声音。

do⁻do⁻do⁻ dodo do

叽 叽 叽 哞哞 哞

这两个声音有什么相似和区别了？（同一音高，相差八度。）

出示 do⁻do⁻do⁻ dodo do，模唱，（提示演唱的状态和声音的位置）教授手号。

（设计意图：再由小鸟和老牛的叫声引入，进行模唱和手号学习。）

三、歌曲学习

1. 老师弹琴，学生选择填空。

2/4 1 23 1 | 5 5 5 | （　　　）

5 56 6 | 5 5 1 | （　　　）

2. A i i i | i i i |

B 1 1 1 | 1 1 1 |

哼唱 i i i | i i i | 及 1 1 1 | 1 1 1 |

3. 今天老师带来一位朋友，它也想唱唱歌，我们一起听一听。播放歌曲伴奏，

音条敲击 i i i | i i i | 及 1 1 1 | 1 1 1 |。

4. 这位新朋友叫做音条。介绍音条敲击方法，让学生尝试敲击。

5. 接龙演唱歌曲旋律：老师唱乐句前两小节，请学生乐句后两小节敲击音条。

6. 带领全体学生打手号唱后半句。

7. 完整哼唱曲谱。

8. 找出歌曲中的上行与下行旋律乐句，用阶梯图呈现出来，引导学生从听觉及视觉的感官来感受音的高低。

9. 出示歌词，师生接龙学唱。

10. 完整演唱歌词。

11. 请学生敲击音条。

（设计意图：通过敲击音条来感受音的高低。）

四、小结

1. 同学们，我们认识了一个小乐器，叫什么？

2. 让我们演唱歌曲《低音 1 和高音 i》，和高高低低的音说再见吧。

（设计意图：回忆和总结所学知识。）

（执教：深圳市龙岗区实验学校　张婧雯）

第八课《感知音乐高低（一）》

第一课时：

教学内容：

1. 听辩 3、5 两个音高并学习相对应的手号，自主演唱《布谷叫，春天到》。
2. 欣赏、听唱《3（mi）、5（sol）短曲》。

教学目标：

1. 能听辩出"3、5"两个音的高低。
2. 学习"3、5"两个音的手号，在听辩"3、5"两个音时能打着手号唱出正确的音高。
3. 能用之前学过的节奏 X-、X、XX 与"3、5"即兴创编两个小节的旋律，并能打着手号演唱出来。

教学重难点：

1. 听辩"3、5"。
2. 听唱《3（mi）、5（sol）短曲》。

教学过程：

一、导入

1. 情境导入。

鸟儿叫，春天到，草儿绿了，柳树也发芽了，喔，原来是春天到了，我走在草地上，突然听到，这是谁的声音？

学生完整听一遍歌曲《布谷叫，春天到》。

（这是布谷鸟的声音）

（设计意图：情境导入能现将学生的注意力带入到课堂中，并能通过这个方式完整的听一遍音乐。）

二、新课

1. 请同学们跟着老师一起来模仿布谷鸟的声音。

（1）听一遍布谷鸟的歌声，你能从他的歌声中听出来有哪两个音在里面吗？能用 lu 将这两个音模唱出来吗？

（学生听歌曲并模唱。）

（2）刚才我们演唱的这两个音，一个叫做 mi，一个叫做 sol。

（边说边板书。）

（3）我们一起来熟悉一下他们。

3—5—（边唱边做手号。）

2. 深化 3、5

（1）现在我们的小音库中已经存入了 3、5 这两个音了，同学们，在黑板上有两个小圆圈，代表这两个音级的高度，请你再认真听一听这两个音谁高谁低，分别该填入哪个圆圈里？

（单独请一个学生上讲台填写。）

（2）现在继续考考你，老师点到哪个音请你跟着唱出来。

（学生边唱 PPT 边出示音。）

5 5　3 5　5 3　3 5 5　　3 5 5 3　5 3 5 3

（3）全班一起唱一遍。

3. 自主演唱歌曲《布谷叫，春天到》

（1）为了让歌曲变得更加完整，我们还可以给他们加上节奏，想一想我们学了哪些节奏？

复习节奏：X、X—、XX

（2）现在老师将节奏加入到乐曲中，你们试着唱一唱，看哪一组唱的最棒。

5 5　3|5 5　3|3 5 5　3|5 5　3|5 5　3||

（请一组单独演唱，再全班一起合唱，再加入歌词演唱一遍。）

（3）带入歌词演唱，注意情感和演唱方式。

（设计意图：一步一步的将歌曲慢慢呈现在学生面前，让学生运用自己的能力唱会歌曲，并能将歌曲完整的演唱出来。）

三、拓展

1. 欣赏《3（mi）、5（sol）短曲》。

   听一听乐曲，将乐谱填写完整。

   3 3 3 5｜5 - ｜5 5 5 3｜3 - ｜5 3｜5 3｜3 3 5 5｜3 — ‖

2. 试着自己将歌曲演唱完整。
3. 带着手号全班完整演唱。

（设计意图：利用简单短小的乐曲继续巩固3、5两个音的音高。）

（执教：深圳市龙岗区实验学校　李洁琼）

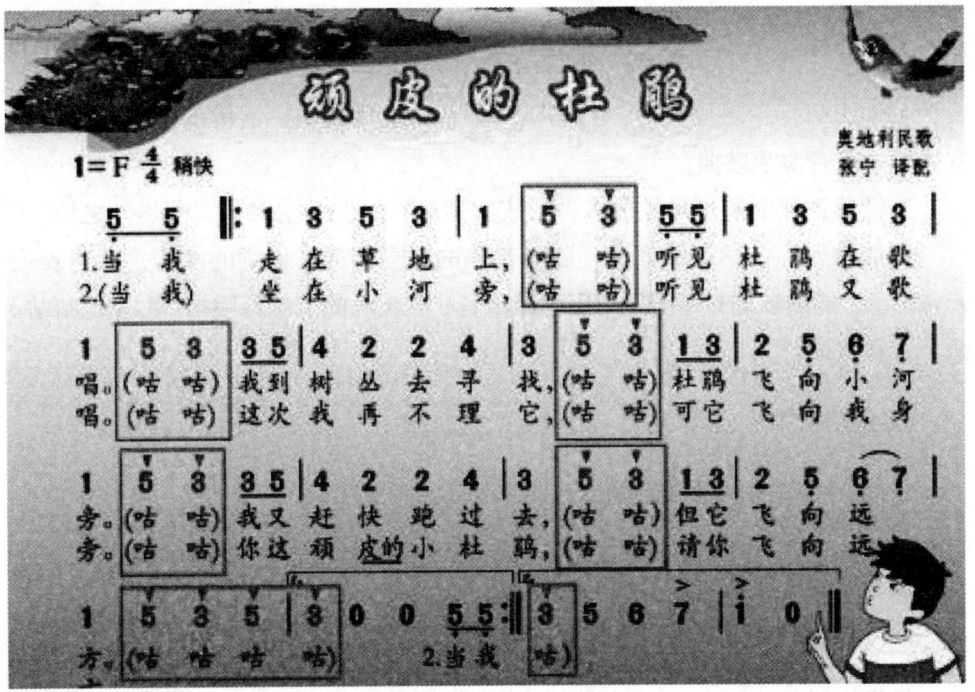

第九课《到这里来享受音乐》

教案之一：

第一课时：

教学内容分析：

1. 这是一首奥地利民间儿童歌曲，f大调，四四拍，歌曲旋律轻快活泼，歌词生动地表现了孩子听到杜鹃"咕咕"的叫声后，迫切想找到它，可是杜鹃见到小朋友又总是即刻飞走了这一童真画面。歌曲巧妙地运用"sol、mi"两音作为杜鹃"咕咕"叫声的音高进行教学，让学生在享受歌曲美感的同时通过各种活动加强了学生对"3、5"两个音的掌握。

2. 本课结合人与自然的主题，还对学生进行了爱护鸟类的环保教育。

教学目标：

1. 知识目标：巩固复习"3、5"两个音，能用欢快、活泼的情绪和轻巧、有弹性的声音演唱歌曲。

2. 情感目标：通过对歌曲多种形式的体验，激发学生对鸟类的热爱之情。

3. 能力目标：学习好顿音，随着音乐的节奏创造有创意的动作，恰当表现音乐形象；能随歌曲打手号，用准确的声音，在正确的节拍处唱出"5 3"（咕咕）两个音和歌词。

教学重难点：

1. 能在正确的位置用正确的音高唱出歌曲中模仿布谷鸟叫声（咕咕）的两个音。

2. 音乐要素在歌曲中的理解与表现。

3. 多种形式参与音乐、感受音乐形象，能完整演唱歌曲。

教学过程：

一、听赏体验

1. 导入

同学们，这节课我们先来听一段音乐，听听这段音乐带给你什么样的感受？哪儿最有特点？

2. 第一遍听赏，师随音乐律动，在每句句末 X X 处做拍球的弹跳动作。

（师：听出来了吗？孩子们，哪里最有特点？）

3. 第二遍听赏，在老师指导下在每句句末 X X 处自由做表示轻巧的律动。

4. 第三遍听赏，出示"5、3"和顿音记号，引导学生认识顿音记号，并用手势引导学生用轻快、跳跃的声音模仿老师唱。

（师：请同学们看屏幕，在我们做律动的地方有两个我们学过的音符，谁能来唱一唱吗？）

（师：老师给这两个音符加了两顶小帽子，它们又有什么变化呢？）

（设计意图运用音乐教学中"听赏领先"的教学策略，抓住歌曲中最能打动学生的地方进行点拨，让学生在反复听的过程中去关注音乐的旋律，为后面的学唱做好铺垫。）

二、学唱歌曲

1. 初听歌曲，说一说歌曲讲了一个怎样的故事。

（师：这么欢快的音乐太让人喜欢了，看，有只来自奥地利的小杜鹃也飞来了。它给我们带来一首好听的歌曲《顽皮的杜鹃》，请同学们边听边想，歌曲讲述了一个怎样的故事？）

2. 再听歌曲，思考：为什么顽皮？歌曲怎样表现它的顽皮的？

3. 聆听歌曲，唱一唱。

再听歌曲，听辨出歌曲中小杜鹃的"咕咕"声是由"5、3"这两个音组成的，并借助手号唱准"咕咕"。

（师：请大家竖起你们的小耳朵听听，小杜鹃是怎样唱歌的？谁能告诉我它的歌声是由哪几个音组成的呢？你能来示范一下吗？）

4. 游戏互动，唱旋律。

（1）师：小杜鹃喜欢唱歌，它特别喜欢在飞翔的时候唱歌，但是歌曲旋律是有高低的，所以它飞的时候也一会儿高一会儿低，现在让我们来猜猜它在唱哪一条旋律。（出示三条旋律线，老师不按顺序哼唱，让学生分辨旋律线。）

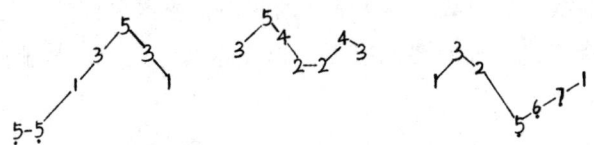

（2）学生手划旋律线，随伴奏识谱唱轻唱旋律。

（设计意图加强学生对音乐的熟知度，初步感受旋律。用情境法引导学生学习旋律，用旋律线让学生体会旋律的音高，旋律线有助于他们的音高概念。）

5. 歌词学习

（1）听教师边范唱边在黑板上用简笔画画出歌曲的图形谱，用视觉提醒学生了解和记忆歌词。

（师：同学们真棒，小杜鹃在天空中飞累了，它说要去地上玩，那它去了哪些地方呢？）

（2）跟范唱轻声唱全曲歌词。

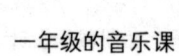
一年级的音乐课

（师：现在让我们伴着音乐，一起去寻找这只顽皮的小杜鹃吧。一起试着把歌曲来唱唱。）

（3）跟伴奏歌唱全曲，提醒学生有表情、声音动听。

（设计意图在听歌曲的过程中给他们要求,也让他们在无形中熟悉了旋律，也熟悉了歌词，这样既提高了他们的听辨能力，也增强了他们对音乐的感受。简笔画环节让学生从图片中记住歌词，为接下来的环节做铺垫。）

三、处理歌曲

1. 教师讲解第一段歌词，启发学生把歌曲的情绪演唱出来。

（师：同学们，如果你是歌曲里的小朋友，你会怎样找杜鹃？顽皮的杜鹃飞走又飞走了，此时你的心情怎样呢？）

情绪：焦急地。

2. 引导学生有表情的演唱第二段歌词。

（师：当我坐在小河旁，顽皮的小杜鹃飞回来了，我的心情又是怎样的呢？哪位同学给我们演唱一次？）

情绪：开心地。

3. 教师讲解难点：歌曲最后两次咕咕的叫声，应该怎样唱？为什么？

（师：夜幕降临，小杜鹃要回家了，越飞越远，这时，杜鹃的歌声应该怎样表现呢？）

越来越弱。

（设计意图通过谈话法，让学生说说自己对歌词的理解，引导学生把握歌曲情绪，有表情的演唱歌曲，获得美的体验。并为后面的即兴表演环节做铺垫。）

四、创造表现

1. 为歌曲添加力度几号，丰富歌曲的表现形式。

（师：这只顽皮的小杜鹃一会在树丛，一会飞到小河边，它在和我们干什么呢？原来，它在用歌声和我们捉迷藏呢。让我们来看看，它的歌声会有什么变化吗？老师这有3种力度记号。P/mf/f，根据歌曲的情境，给小杜鹃的歌声加上不同的力度记号。怎么样？小组讨论一下。）

2. 即兴表演。

学生自由组合，一部分学生扮演小朋友，一部分扮演小杜鹃，边唱边表演。

（设计意图根据一年级学生活泼好动、想象力丰富的特点，采用自主探究、小组合作的方式以多种形式表现歌曲，锻炼学生的表现力、创造力。）

五、教学延伸

播放杜鹃的相关图片，教师介绍杜鹃，呼吁大家爱护鸟类。

（设计意图通过多媒体图片与教师讲解相结合，让学生直观了解杜鹃，引导学生爱护鸟类、保护环境。）

六、下课

（执教：深圳市龙岗区中海怡翠学校 李敏）

一年级的音乐课

第九课《到这里来享受音乐》

教案之二：

第一课时：

教学内容：

1. 学唱歌曲《顽皮的杜鹃》。
2. 认识顿音记号，并演唱出相应效果。
3. 课结合人与自然的主题，进行爱护鸟类的环境教育。

教学目标：

1. 知识目标：在游戏和故事中，认识顿音记号，并能正确演唱。
2. 情感目标：通过猜猜、听听、唱唱、找找、感受音乐形象，激发对杜鹃的喜爱之情，并从学生的所感所悟中引导他们热爱环境和动物。
3. 能力目标：有感情的演唱整首歌曲。

教学重难点：

1. 感受音乐形象，有感情的演唱歌曲。
2. 顿音记号在歌曲中的应用。
3. 弱起小节的进入。

教学过程：

一、导入

1. 今天有这样一只小鸟飞来了（出示PPT图片）它的歌声很美，许多世界名曲里都有它的歌声，请大家猜一猜它是谁？（杜鹃）

①听《杜鹃圆舞曲》。

②听《顽皮的杜鹃》伴奏曲。

③你能听出来吗？哪一首乐曲中有杜鹃的歌声？她是怎样唱的，能模仿几句吗？

（设计意图：激发学生的好奇和探索的兴趣，培养仔细听赏的习惯。）

二、学习歌唱

1. 听赏歌曲

请你听听，这是一只怎样的杜鹃呢？它又是用怎样的心情来歌唱的？

（顽皮、活泼、可爱的的杜鹃……轻松、快乐的心情。）

2. 顿音的学唱

（1）听范唱的第一段，找找歌曲中小杜鹃欢唱了几次？

（2）引导学生谈谈，怎样像小杜鹃一样将歌声演唱的欢快生动？

（面带微笑，轻快，短促，富有弹跳。）

（3）出示"顿音"的标识，引导学生，歌曲中遇到顿音记号的时候时，记得要轻快，短促，就像拍皮球时的感觉，富有弹跳的演唱。

看谱、聆听歌曲，与"杜鹃"一起来用顿音的方法接唱"咕咕"。

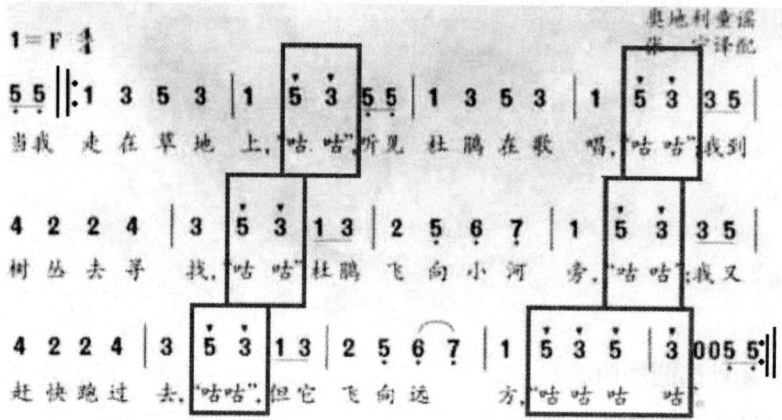

（设计意图：引导学生，探索歌唱的方法，能加深对顿音的理解。）

3. 捉迷藏的游戏

（1）再听全曲，找找曲中重复的部分。

（2）根据谱面，找一找。

（3）拍拍节奏谱，找一找。

（4）接唱歌谱，师生对唱。

小杜鹃一直在和我们做一个游戏，是什么呢？（捉迷藏）

我们用歌声来玩游戏捉迷藏吧……（接唱歌谱）

（设计意图：这里用游戏的形式，激发学生的学习兴趣，在愉快的游戏中熟悉歌曲的旋律。）

三、完整演唱歌曲

1. 带入歌词完整的演唱。

2. 引导学生弱起节奏部分的演唱。

3. 歌曲结束部分的处理：（杜鹃飞到了远方，引导学生，用渐慢渐弱来演唱。）

4. 用顿音的方法，来正确的有感情的演唱歌曲。

5. 简单介绍奥地利。

（设计意图：掌握音乐记号在歌曲中的运用及歌曲表现。）

四、歌表演

1. 启发学生自己创编不同的动作，参与律动表演。

2. 个人和小组表演。

3. 生生互评。

(设计意图：在自创的歌表演中，增添学习的情趣，培养学生的创编能力。)

五、小结

今天在森林里我们和杜鹃玩的开不开心呀？动物是我们的好朋友，所有我们要保护大自然，爱护小动物，你们可以做到吗？好，今天音乐课就到这里，下课。

(执教：深圳市龙岗区兴泰实验学校　罗珍梅)

一年级的音乐课

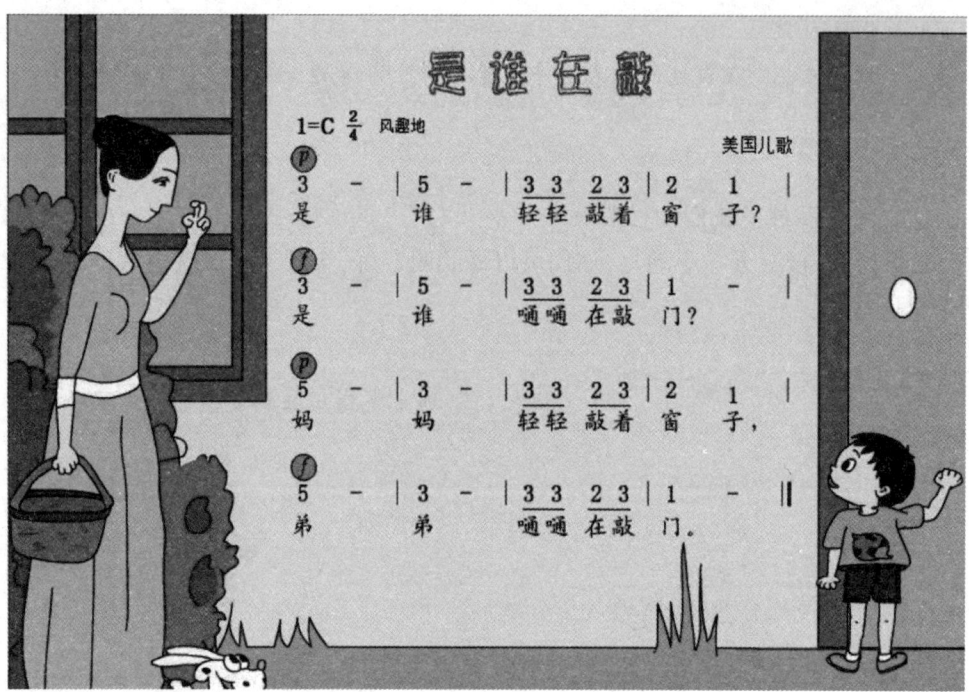

我们歌唱

1 = D 3/4　　　　　　　　　　　佚名 词曲

f 愉快地

5 5 3 | 5 5 3 | 1 3 5 5 | 3 — 0 |
高声唱，高声唱，我们高声 唱。
你也唱，我也唱，我们高声 唱。

p

4 — 2 | 4 4 2 | 2 4 3 2 | 1 — 0 ‖
轻声唱，轻声唱，我们轻声 唱。
我也唱，你也唱，我们轻声 唱。

● 按照你已认识的"*f*"和"*p*"两个记号的要求来歌唱。

第十课《感知音乐力度（一）》

第一课时：

教学内容：

1. 学唱歌曲《是谁在敲》和学唱歌曲《我们歌唱》。
2. 认识力度记号强和弱。
3. 学会听辨"f"和"p"两种力度记号。
4. 巩固力度记号"f"和"p"并表现该曲。

教学目标：

1. 知识目标：认识力度记号"f"和"p"，并能区分出它们所表现的声音效果。
2. 能力目标：在演唱中遇到"f"和"p"记号时能正确用自己的歌声自信、准确地演唱歌曲。
3. 情感目标：通过各种各样的音乐活动，在做"是谁在敲"和"我们歌唱"的声势活动和游戏中培养学生讲文明、懂礼貌的好习惯。

教学重难点：

1. 能用不同的力度表现歌曲。
2. 学会用力度记号"f"和"p"演唱歌曲。
3. 歌曲中用力度记号"f"和"p"创编与表现。
4. 注意歌曲中相似乐句的细微区别，把音唱准。

教学过程：

一、新课导入

上音乐课之前，老师想跟小朋友们玩一个游戏，叫做"唱反调"，请你模仿老师相同的节奏做相反的动作。你们愿意吗？请你们一定要遵守游戏的规则

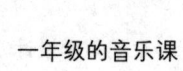

呦！请仔细听好了了哦！

师：敲门 2/4 x x | 强（f）
　　　　　　嗵嗵

生：敲窗户　x x | 弱（p）
　　　　　叮 咚

师：敲窗户　x x | 弱（p）
　　　　　请开 门

生：敲门　x x | 强（f）
　　　　请开 门

师：敲门　x x x | x – 强（f）
　　　　请你开 门

生：敲窗户　x x | x – 弱（p）
　　　　　请你 开 门

谢谢小朋友精彩的表现，为了奖励同学们，老师还给同学们带来一首歌，你们想听吗？（出示歌名，师范唱。）

（设计意图：导入里进行力度对比的铺垫。）

二、新课教学

1. 初步感受歌曲

（1）请你听听老师的歌唱，感受音乐，歌词里面提到了谁？（妈妈和弟弟。）

（2）请你第二次听录音里的范唱，请你听听，妈妈和弟弟做的事情一样吗？（妈妈敲窗户的声音是弱，弟弟敲门的声音是强。）

2. 了解歌词内容

（1）播放歌词里的妈妈敲窗户的声音并模仿；弟弟敲门的声音并模仿；让学生谈谈妈妈和弟弟哪个有礼貌？

（2）第一遍引导学生用三角铁敲模仿弱（p）的力度记号轻声读歌词：

第一句　是谁轻轻敲着窗子；

第三句　妈妈轻轻敲着窗子；

第二遍引导学生用木鱼敲模仿力度记号强（f）的力度记号大声读歌词：

第二句　是谁嗵嗵在敲门；

第四句　弟弟嗵嗵在敲门；

认识力度记号：f — 强 — 声音大；p — 弱 — 声音小。

力 度

歌（乐）曲中音量的强弱不同，在乐谱上是用力度记号来表示的。

常见的力度记号如下：

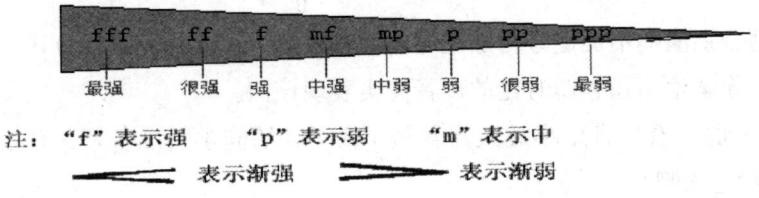

注："f"表示强　　"p"表示弱　　"m"表示中

　　　　表示渐强　　　　　　表示渐弱

4. 学唱歌谱

（1）老师想跟同学们玩第二个游戏：我有一首好听的歌，但是不小心弄丢了几个音符，请你听老师弹歌曲的旋律，帮老师把括号里丢掉的音找出来。

2 | 4 (3－) | (5－) | 3 3 2 3 | 2 1 |
　　　　(3－) | (5－) | 3 3 2 3 | 1 － |
　　　　(5－) | (3－) | 3 3 2 3 | 2 1 |
　　　　(5－) | (3－) | 3 3 2 3 | 1 － |

（2）你们能帮老师整理一下音符吗？并模仿老师的动作唱出来。

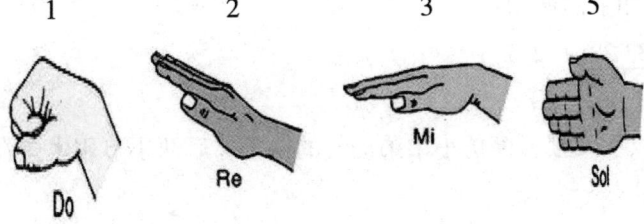

（设计意图：在各种互动游戏中再次感受力度对比，并熟悉歌曲的旋律。）

5. 学唱歌曲

请同学们一起打手号比一比谁的记忆力最棒！请你们唱唱歌曲的旋律。

运用手号协助学生唱准歌词、节奏；师纠正指导。

6. 歌曲力度处理

（1）师生接龙唱：当唱到"f"乐句的时候，两手打开，就如同一朵盛开的鲜花；当唱到"p"乐句的时侯，两手缩紧，就如同一朵含苞待开的花骨朵；

（2）先请一部分同学和老师合作，熟悉之后老师退出，生生合作；

（3）请学生找出歌谱中声音强是怎样标记的，声音弱是怎样标记的？
师出示卡纸片请同学选择：

    声音强   声音弱
    （ ）   （ ）
     f   p

（4）师分别演唱不加记号与加记号的两种效果，请同学们进行分辨。
（5）引导学生用强和弱对比的声音完美表现该曲。

7. 表现歌曲：看！音乐小矮人驾着马车来了，请同学们准备好，自己编动作跟着音乐动起来吧！

（1）第一句：前两小节将右手放在右耳旁，做出听的造型，后两小节用三角铁在左前方轻轻敲3下；如下图所示：

  3 - | 5 - | 3323 | 2 1 |
  x x   x   0

（2）第二句：重复前两小节动作，后两小节用木鱼在原地敲3下；如下图所示：

  3 - | 5 - | 3323 | 1 - |
  x x   x   0

（3）第三句：将双手手臂张开，手心朝下成八字形，后两小节用三角铁在左前方轻轻敲3下；如下图所示：

  5 - | 3 - | 33 23 | 2 1 |
  x x   x   0

（4）第四句：双手叉腰，模仿小弟弟淘气的样子，后两小节用木鱼在原地敲3下；如下图所示：

  3 - | 5 - | 3323 | 1 - |
  x x   x   0

（设计意图：为简单的歌曲加上参与创造活动，也再次复习打击乐器的演奏。）

三、拓展延伸

（1）一部分同学演唱，一部分同学做情景律动。
（2）用木鱼表现 f 的力度；用三角铁表现 p 力度；如下图所示：
木鱼：[| x - | x - | 0 x | 0 x ||

三角铁：‖ x - ∣ x - ∣ O x ∣ O x ‖

（3）那我们今后去同学家怎样敲门才有礼貌呢？

四、课堂总结

同学们，今天的音乐课堂里我们唱了歌跳了舞，希望同学们能在今后的学习生活中，讲文明懂礼貌这一良好的习惯能受益终身！随音乐出教室！

第二课时：

教学过程：

一、组织教学

播放上节课所学的歌曲《是谁在敲》让学生在歌声中走进教室。

（设计意图：复习上节课学习内容，为 p 和 f 力度记号对比铺垫。）

二、新课导入

1. 游戏导入，请同学们学我做，请你们仔细听哦！

5 — — ∣ 5 5 3 ∣ 5 5 3 ‖
哎 — 你 在 哪 高 声 唱

4 — — ∣ 4 4 2 ∣ 4 4 2 ‖
哎 — 我 在 这 轻 声 唱

（设计意图：通过在歌唱和唱游中不断重复小三度旋律音程来训练其听觉上力度的变化。）

三、新课教学

1. 播放《我们歌唱》的背景音乐，打着拍子学着老师做动作。如下图所示：

f（跺脚）3/4 x O O ∣ x O O ∣
　（拍手）　　　 O x x ∣ O x x ∣
p（拍腿）3/4 x O O ∣ x O O ∣
　（拍肩）　　　 O x x ∣ O x x ∣

（设计意图：根据低年级的心理特点，通过游戏导入激发学生的学习兴趣。）

2. 初步感受歌曲

（1）请你听一听老师唱，数数这首歌曲有几个乐句？

（2）请你第二次听范唱，体会歌曲的力度和情绪有什么变化呢？

3. 了解歌词内容

（1）第一句引导学生模仿像一个强壮的勇士说话的声音；（f）大声读歌词：高声唱，高声唱，我们高声唱。你也唱，我也唱，我们高声唱。之后加上乐器三角铁进来稳定节拍。

（2）第二句引导学生模仿像一个瘦弱的小蝌蚪说话的声音（p）轻声读歌词：轻声唱，轻声唱，我们轻声唱。我也唱，你也唱，我们轻声唱。之后加上木鱼进行伴奏。

（设计意图：根据低年级的心理特点，用生活中的熟悉的动物来读歌词定会带来出其不意的效果。）

4. 学唱歌谱

（1）请同学们跟着老师模仿拍各种力度的变化，如：

第一次教师拍 f，学生也拍 f，教师拍 p，学生也拍 p。

第二次教师拍 f，学生则拍 p，教师拍 p，学生则拍 f。

（2）学生分析出音乐中的强弱对比，找出生活中的强弱音。

（设计意图：根据低年级的心理特点，采用图形法、手号法加深对歌曲的学习。）

5. 学唱歌曲

（1）师生接龙唱：当唱到"f"乐句的时候，两手打开，就如同一朵盛开的鲜花；当唱到"p"乐句的时候，两手缩紧，就如同一朵含苞待开的花骨朵。

（2）先请一部分同学和老师合作，熟悉之后老师退出，生生合作；唱完后互相评价，找出对方有点，互相学习。

（3）运用手号协助学生唱准歌词、节奏；师纠正指导。

（设计意图：根据低年级的心理特点，通过师生、生生接龙游戏等方式加深对歌曲进一步的学习）

6. 歌曲力度处理

（1）师出示卡片请学生找出歌谱中声音强是怎样标记的，声音弱是怎样标记的？你会怎样选择呢？

声音强　　　声音弱
（　）　　　（　）
　f　　　　　　p

（2）引导学生用强和弱对比的声音完美表现该曲。

7. 表现该曲：听音乐响起来了，请同学们准备好了吗，自己编动作跟着音乐的动起来吧！记得一定要在音乐的节奏里面哦！

（设计意图：根据低年级的心理特点，通过对比听辨、表现演唱的方式等方式进行认知力度记号，并运用到歌曲演唱中。）

四、拓展延伸

引导学生用三角铁和手板表现 f 的力度；用木鱼和蛙筒表现 p 力度；
如下图所示：
第一句：3／4 f x − − | x − − |
（先跺脚一遍再换三角铁。）
0 x x | 0 x x |
（先拍手一遍再换手板。）
第二句：3／4 p x x x | x x x |
（先拍腿一遍再换木鱼。）
0 0 x | 0 0 x |
（先拍肩一遍再换蛙筒。）

（设计意图：根据低年级的心理特点，通过用打击乐器创编的方式进一步加深对歌曲理解，进而达到动中学的效果。）

五、课堂总结

同学们，今天老师教同学们既唱了歌又学敲了乐器，音乐课希望能带给同学们无限快乐！希望同学们喜欢上音乐课！随音乐出教室！

（执教：深圳市龙岗区鹅溪小学　郭志兵）

一年级的音乐课

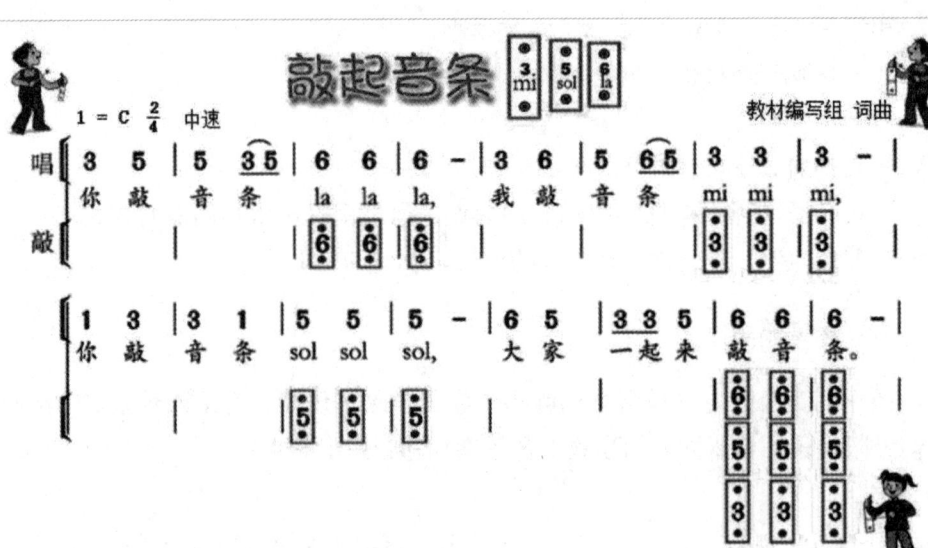

第十一课《感知音的高低（二）》

教案之一：

第一课时：

教学内容：

1. 学演唱歌曲《左手和右手》。
2. 通过歌曲的学习，巩固 mi（3）、sol（5）和 la（6）三个音的手号和音高。

教学目标：

1. 知识与技能：学唱歌曲《左手右手》，巩固 mi（3）、sol（5）和 la（6）三个音的手号和音高。
2. 过程与方法：通过身体律动、聆听、模唱以及手号的引导，掌握歌曲的音乐要素。
3. 情感态度价值观：学会演唱歌曲《左手和右手》，并能根据歌曲内容进行唱游活动，培养学生互相合作、协同表演的能力。

教学重难点：

1. 学会歌曲，并参加唱游活动。
2. 通过歌曲的学习，巩固 mi（3）、sol（5）和 la（6）三个音的手号和音高。

教学过程：

一、导入

1. 请同学们仔细听老师演奏的是什么音（只演奏3、5、6三个音），你听到后请边唱边做手号表现出来；（教师引导学生进行练习，弹琴边做手号边练习，复习巩固音高。）同学们的耳朵真灵敏。

2. 小小游戏，听口令。

老师知道你们都有一双灵巧的小手，请你加上聪明的头脑来参加一个小小的游戏，请听口令：（老师用响板边拍节奏边朗诵，学生按口令做相对应的动作。）

2/4 XX XX | XX | XXXX | X— ‖

  左手 摸摸 左耳，右手 摸右 耳

  左手 摸摸 右耳，右手 摸左 耳

  左手 拍拍 左腿，右手 拍右 腿

  左手 拍拍 左腿，右手 拍右 腿

（设计意图：通过反复聆听、游戏、打手号，感知音的高低，巩固复习3，5，6。通过节奏游戏熟悉歌曲节奏，引出课题。）

3. 同学们表现真不错，今天我们一起来学习这首关于《左手右手》的歌曲。

二、学习歌曲《左手右手》

（教学说明：学唱歌曲，进一步复习巩固基本节奏，掌握"乐句"的概念，加入身体律动增加本节课的趣味性。）

1. 完整欣赏歌曲，请同学们听听歌曲中唱了些什么？请你说说：左手右手两个好朋友在闹别扭，最后和好了的故事。你的想象力可真丰富。

2. 再次完整聆听歌曲，请同学们听听，歌曲是几拍子的乐曲？请你说说：2拍子歌曲，那你知道2拍子歌曲的强弱规律是什么吗？不知道没关系，请看老师（此刻老师按强弱规律拍。）。你发现了吗？对了：强，弱。我们一起来拍一拍（轻轻的拍。）请同学们继续，此刻老师播放歌曲范唱。（可以让学生拍分拍或者稳定拍。）

3. 同学们已经掌握了这首歌曲的节拍，请完整欣赏歌曲，听听这首歌曲是由几个音组成的？同学们的耳朵真灵敏，老师邀请同学起来打着手号将这些音唱一唱，我请你来，你坐的最端正。全体同学学一起打着手号讲这些音符唱一唱。

4. 同学们已经了解本首歌曲是由3，5，6组成，老师想邀请同学们跟着琴将歌谱演唱，首先请听老师示范，在同学们唱的过程中请你留意哪一句最不好唱（此环节解决演唱的难句，可以多唱两遍，本环节目的是巩固学生的音准。）

5. 同学们演唱音符真准，老师还听到有同学已经迫不及待的想演唱歌词了，老师就满足你们，请同学们腰背挺直脚踩地，轻声慢速的跟琴演唱。

6. 同学们的音色犹如天籁般优美，现在老师要加速咯（学生演唱熟悉后回原速演唱。）请同学们跟范唱小声演唱（此时老师拿出双响筒，学生唱的时候老师演奏，演奏时尽量用简单节奏型）有没有哪位同学观察到刚才老师演奏的是什么乐器？对了，是双响筒，老师准备了几个想请同学们演奏，我请你来，你唱的最认真，你坐的最端正……没拿到学期的同学你们也有任务，你们现在都是歌唱家，拿着乐器的同学为你们伴奏。放歌曲伴奏学生演唱和演奏。

7. 同学们唱的真好听，现在请同学边拍节奏边跟随伴奏演唱歌曲，演奏乐器的同学继续演奏。

（设计意图通过反复聆听、演唱、打手号的方式熟悉歌曲韵律，以循序渐进、潜移默化的方式熟悉旋律，学唱歌曲，最后加入身体律动与伴奏演唱歌曲。）

三、创编

1. 同学们，请你们动动脑筋想一想，这首歌除了用歌声来表现以外，还可以用什么方法来表现呢？

2. 为歌曲设计表演唱。

3. 展示。

四、小结

今天的这节课我们一起学习了《左手和右手》这首歌曲，懂得了左手和右手的重要性，在今后的学习生活中，老师希望同学们之间的感情像左手和右手一样团结和睦、互相帮助，一起学习，共同进步。

（执教：深圳市龙岗区花城小学　张锐）

第十一课《感知音的高低（二）》

教案之二：

第一课时：

教学目标：

1. 知识与技能：认识音符"6 la"，并学唱歌唱《左手和右手》。

2. 过程与方法：通过聆听、模唱、演唱歌曲、敲起音条感知 3mi 5sol 6la 三个音的音高。

3. 情感态度价值观：培养学生用手号的形式感知、表现音的高低，乐于参与表现音乐。

教学重难点：

1. 通过各种音乐活动，在愉悦的氛围中歌唱与敲起音条的活动中巩固"3、5、6"三个音的相对音高。

2. 能听辨、唱出"3mi、5sol、6 la"三个音的相对音高。

教学过程：

一、导入

1. 游戏一：听一听。

教师分别敲音条"3 5"两个音，请同学们听听老师敲的是哪个音，并打手号唱出来。

请学生在黑板上的音乐阶梯上贴出"3 5"的音高位置。

2. 游戏二：唱一唱。

听教师即兴敲音条"3 5"来创编旋律短句，学生听完后打手号模唱。

（设计意图：通过聆听、打手号演唱 3 5 两个音，让学生进一步感受音的高低，同时通过师生合作创作演唱，继续巩固 3 5 两个音的音准。）

二、认识音符"6"

1. 直接出示新的音符"6 la",并介绍音名、唱名、音高位置。
2. 打手号演唱"6"。
3. 教师用"3 5 6"三个音编写一个简短乐句,学生打手号模唱。
4. 教师随意弹奏3、5、6,学生听辨,并把它唱出来。
5. 游戏:小鸟找家。

将3、5、6当成小鸟,再讲它们的音高位置比作它们的鸟窝,按不同是顺序摆放,最后让学生把小鸟送回鸟窝里,既找到三个音的音高位置。

(设计意图:首先让学生从视觉上感受6的音高,认识6的音名、唱名及手号,并反复演唱由3 5 6三个组成的短曲,反复巩固6的音高,到后面的听辨,找到6在音阶上的位置,层层递进。)

三、学习歌曲《左手和右手》

1. 聆听歌曲,感受歌曲的速度与情绪。
2. 学生跟老师拍一拍歌曲的节奏。
3. 跟老师打手号,轻轻的演唱旋律。
4. 师生合作,接龙演唱歌词。
5. 讨论:歌曲如果表现能更好听一些?(情绪表现:用天真活泼的情绪;律动表现:双手进行律动创编;力度表现:加入力度变化等等。)
6. 分组表演。
7. 组织同学们集体评议,选出最受欢迎的形式全班跟着表现。

(设计意图:从聆听旋律,演唱旋律,学唱歌曲,表现歌曲等活动,继续巩固3 5 6三个音,通过对歌曲的学习,让同学们知道左手和右手是一对好朋友,好好保护我们的左手和右手。同时,通过创造性的表演,培养学生的创造力及表现力,表现歌曲天真活泼的情绪。)

四、总结

1. 提问:说以说,今天你学到了什么?
2. 教师简单小结。

(执教:深圳市龙岗区五联崇和学校 蒋俊)

一年级的音乐课

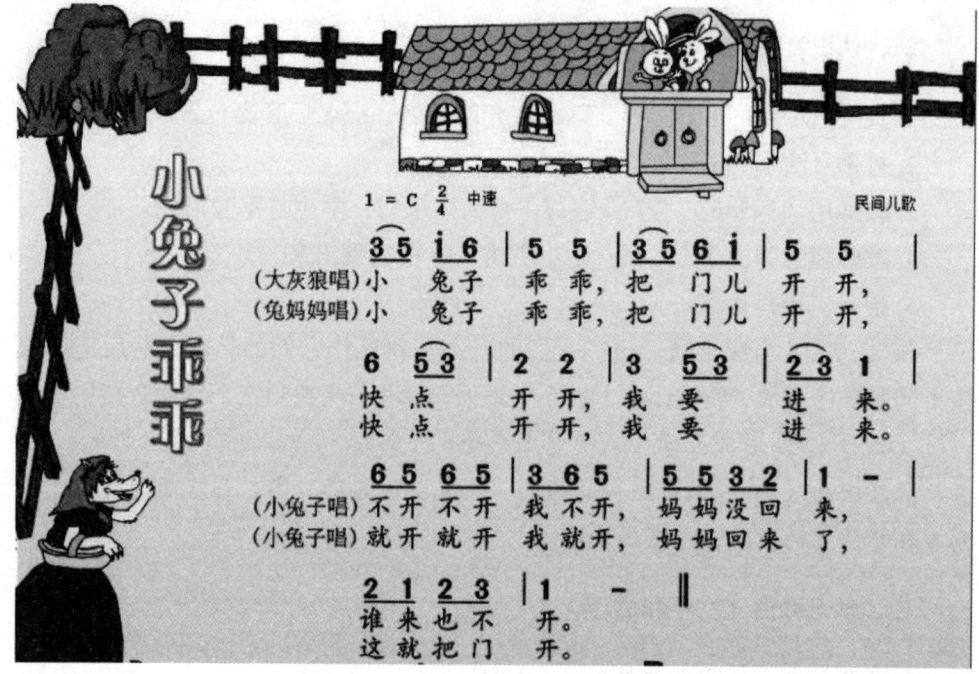

第十二课《小兔子乖乖》

教案之一：

第一课时：

教学内容：

1. 结合器乐演奏的音响听辨圆号、小提琴、大提琴 3 种不同的乐器音色。
2. 学唱歌曲《小兔子乖乖》并进行唱游活动。

教学目标：

1. 知识目标：认识三件乐器——小提琴、大提琴、圆号；学会演唱歌曲《小兔子乖乖》。
2. 情感目标：能听辩小提琴、大提琴、圆号音色的不同，在老师设置的情境中感受音乐。
3. 能力目标：在唱游活动中能用不同的声音表现大灰狼、小兔子和兔妈妈出现时的歌声。

教学重难点：

1. 学会歌曲《小兔子乖乖》，特别注意容易出错的旋律。
2. 用不同的声音表现不同的角色。
3. 感知音色（小提琴、大提琴、圆号）。

教学过程：

一、导入

今天老师想和小朋友们一起进行一次奇妙的旅行。
（出示幻灯图片：动物园大门。）

动物园可大了！为了让小朋友们都能很快找到队伍，老师要教大家一个集合的口号：

5 5 32 | 1 - |21 23 | 1 - |
快点 过来 呀，我们 要出 发。

（学生跟随老师先唱旋律再唱歌词，学会集合口号。）

（设计意图：《小兔子乖乖》中比较容易唱错的一句旋律，因为幼儿园版本的不同，很容易把"5 532 | 1 - |2123 | 1 - |"唱成"2 532|1 - |2123 | 1 -"，因此设计一个集合口号，在整堂课的前半部将会反复出现，以达到加深印象的目的。）

二、认识乐器

（一）动物园第一站

1. 这个动物园真大呀！（出示幻灯图片：某动物园园区分布图。）

我们走呀走，突然听到一个声音，听一听，是什么动物出现了？（播放圆号《彼得与狼》中狼的片段。）

2. 你们知道这个是什么动物吗？（出示幻灯图片给予提示：一双凶猛的眼睛。）

它是谁？（在学生纷纷回答之后出示幻灯图片：狼。）

3. 狼的声音是用什么乐器发出来的？（出示实物：圆号。）

这个乐器叫做"号"。

让我们看看它的身材是什么形状的？（引导学生观察：圆圆的。）

所以它叫做什么号？（出示幻灯板书：圆号。）听一听，圆号的声音是怎

样的?(听老师吹奏圆号的声音,引导学生总结圆号的声音特点。)

4. 老师小结:所以在动物园里扮演狼的乐器叫做圆号。

让我们听着狼的音乐来学一学狼的动作吧。

5. 该跟大灰狼再见了,我们又要准备出发,赶快集合!

(出示幻灯:集合口号 5 5 32 | 1 - |2123 | 1 - |
　　　　　　　　　　　快 点 过 来 呀,我们 要出 发。)

跟老师一起唱起集合口号,准备出发吧!

(二)动物园第二站

1. 继续逛动物园(出示幻灯图片:某动物园园区分布图。)

听,这又是什么动物?(播放:小提琴演奏《小兔子乖乖》中小兔子的部分。)

2. 你们知道这个是什么动物吗?(出示幻灯图片给予提示:一对长耳朵。)

它是谁?(在学生纷纷回答之后出示幻灯图片:兔子。)

3. 你们知道小兔子的声音是什么乐器发出来的吗?(出示实物:小提琴。)这个就是我们大家都很熟悉的"小提琴"。

谁能来学一学小提琴演奏的姿势?(请学生来尝试演奏姿势。)

试一试拉响它,告诉我们小提琴的声音是怎样的?为什么它能扮演小兔子呢?(引导学生总结出小提琴的音色特点。)

4. 老师小结:小提琴在动物园里扮演的是活蹦乱跳的小兔子。

让我们听着小兔子的音乐来学一学小兔子跳吧。

5. 跟小兔子再见吧,我们准备出发了,赶快集合!

(出示幻灯:集合口号 5 5 32 | 1 - |2123 | 1 - |
　　　　　　　　　　　快 点 过 来 呀,我们 要出 发。)

跟老师一起唱起集合口号,准备出发吧!

(三)动物园第三站

1. 继续逛动物园(出示幻灯图片:某动物园园区分布图。)

又出现了什么动物?(播放:大提琴演奏《小兔子乖乖》中兔妈妈的部分。)

你们有没有觉得这个的声音和谁很象?(引导学生回忆小提琴的音色。)

你们知道它是什么乐器演奏的吗?(出示乐器实物:大提琴。)

这个乐器的名字叫做"大提琴"。

2. 小提琴扮演的是小兔子,那么你们觉得大提琴会扮演什么呢?(学生纷纷回答之后出示幻灯图片:大兔子——兔妈妈。)

3. 让我们比较一下,大提琴和小提琴有什么相同和不同的地方?(引导学生看实物，从外形及音色进行比较。）

老师还要向大家介绍一下提琴家族的其他成员：在提琴家族里，小提琴是小朋友，中提琴是姐姐，大提琴是妈妈，低音大提琴就是爸爸了。（出示幻灯图片：提琴家族。）

4. 老师小结：大提琴在动物园里扮演的就是温柔的兔妈妈。

让我们听着兔妈妈的音乐来学一学兔妈妈的动作吧。

5. 跟兔妈妈再见吧，我们又要赶快集合啦！

（出示幻灯：集合口号 5 5 32 | 1 - | 2123 | 1 - |

　　　　　　　　　快 点 过来 呀，我们 要出 发。）

请跟老师一起唱起集合口号！

（设计意图：1. 逛"动物园"，听音乐猜动物，给学生带来神秘的感觉，情境设置，会让学生更有学习兴趣。2. 乐器的实物接触会让学生印象更加深刻。3. 在认识乐器的同时，已经把后面将要学的歌曲分段聆听了，再加上"集合口号"的不断重复，之后的歌曲学习会变得更加顺利。4. 乐器不同音色的听辨也能帮助学生更好地融入歌曲的角色扮演中去。）

三、歌曲学习

1. 我们刚才在动物园里遇见了哪几个动物？（出示幻灯图片：狼、小兔子、兔妈妈。）

在动物园里一直流传着一个非常有趣的故事，这个故事里有大灰狼，小白兔和兔妈妈，你知道这个故事会是什么故事吗？（幻灯出示课题《小兔子乖乖》。）

现在让我们一起来看看这个故事吧。

2. 播放音乐动画视频《小兔子乖乖》看画面听范唱。

3. 唱歌曲曲谱（出示幻灯：歌曲曲谱。）

老师考考你，找一找这首歌曲中哪一句是我们的老朋友？（引导学生回忆"集合口号"。）

让我们唱一唱这句"老朋友"吧。（先唱曲谱，再唱歌曲中的歌词。）

（出示幻灯：5 532 | 1 - | 2123 | 1 - |

妈妈 没回 来， 谁来 也不 开。）

（设计意图：先解决歌曲中最容易出错的乐句，同时也是对前面铺垫的检验。）

4. 再听范唱：让我们听一听另外一群小朋友是怎么演唱这首歌的。（幻灯出示歌谱，播放范唱。）

5. 现在轮到我们了，看我们能不能唱得比他们更好听。（钢琴弹伴奏，引导学生完整演唱。）

6. 请你注意这一句："35i6|55| 356i|55|"。一个是"i6|55|"，一个是"6i|55|"。跟老师一起唱一唱，把它们区分清楚。

7. 好了，让我们再完整演唱一遍。

8. 你们觉得自己唱得好不好？有没有什么办法让我们唱得更好听？（引导学生提出用不同的声音来演唱。）

讨论：狼、小兔子和兔妈妈分别要用什么样的声音演唱比较好？（指导学生尝试用不同音色来演唱。）

9. 你们觉得这样唱好听吗？为什么？（引导学生感受音色的变化带来不一样的感觉。）

10. 现在老师想请男同学来扮演大灰狼，女同学来扮演小兔子，老师来扮演兔妈妈，我们一起来表演这个故事好不好？（示意全体起立，用之前做过的动物的动作来边唱边表演。）

11. 小兔子们表现太好了，大灰狼也很不错，你们觉得兔妈妈表现怎么样？（请学生评价老师表现，活跃课堂气氛。）

12. 有没有小朋友愿意为我们表演一下这个故事？

（请上三个小朋友，戴上头饰稍做妆扮进行表演，引导其他学生伴唱。）

他们表演得好不好？让我们把掌声送给他们！

（设计意图：1. 运用"角色表演"的方法能激发学生学习兴趣，加强学生对音乐的理解和记忆。2. 充分发挥评价的功能，引导学生自我评价、互相评价，以使表演质量不断提高。）

四、总结

1. 今天我们认识了哪几种小乐器？它们都有什么样的特点？
（引导学生从外形到声音来回忆三个乐器的特点。）

2. 今天我们还唱了一首什么歌？这首歌教会我们什么？
（对学生进行安全意识教育。）

3. 今天的旅行要结束了，请小兔子们跟着妈妈一起回家吧！
（播放音乐，引导孩子随老师一起随着音乐走出教室。）

（执教：深圳市龙岗区教师进修学校　李博）

第十二课《小兔子乖乖》

教案之二：

第一课时：

教学内容：

1. 学唱歌曲《小兔子乖乖》。
2. 听辩不同乐器演奏《小兔子乖乖》的音色。

教学目标：

1. 知识与技能目标：学会演唱歌曲《小兔子乖乖》，认识三种乐器：小提琴、大提琴、圆号。能辨别其不同的音色，并能记住不同乐器的外形。
2. 过程与方法目标：在唱游活动中能用不同的声音分角色演唱并善于用肢体动作生动有趣地表现大灰狼、小兔子、兔妈妈的形象。
3. 情感态度价值观目标：让孩子们懂得爱护小动物，并学会用正确的方法保护自己。

教学重难点：

1. 用不同的声音表现不同的音乐角色。
2. 感知乐器的音色（小提琴、大提琴、圆号）。
3. 注意能严谨、准确无误的演唱歌曲。

教学过程：

一、导入

1. 声音练习。（歌曲旋律做声音练习。）

2/4

师：5　53　2|1　-|

 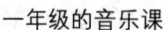

今 天 天 气 好,

生:2 12 3|1 - ‖

我 们 心 情 好。

2. 小故事(加背景音乐)。

师:今天老师要介绍一个新朋友给大家认识(出示幻灯片:小兔子)。
同学们来说说兔子有什么特点?(生:七嘴八舌)

师:有一天,小兔子家发生了一件事情,是什么事情呢?大家请听
(播放《小兔子乖乖》)

(设计意图:故事导入引起学生学习兴趣,同时铺垫易唱错的乐句。)

二、新曲教学

1. 听听说说。

(1)这个故事被改编成了一首歌曲,我们一起听听吧。

播放歌曲《小兔子乖乖》。

(2)思考:这个故事告诉我们什么道理呢?

(3)德育渗透:这首歌曲讲了小兔子们在家,大灰狼敲门,他们机智勇敢地保护了自己,这个故事告诉我们:小朋友们独自在家时,不能给陌生人开门,学会保护自己。

2. 听听唱唱。这部分有:

(1)播放歌曲《小兔子乖乖》。

思考:歌曲的速度如何?(中速)

(2)听音乐,说说不同角色的声音分别有什么特点?

(3)教师演奏钢琴,学生跟唱(引导学生完整、准确地演唱)。

(4)难点处理:

5 53 2|1 - |2 12 3|1 - ‖

妈 妈 没 回来, 谁 来 也 不 开。

分小组带唱,注意与幼儿园演唱时旋律的区分,以免混淆。(一组一组过关。)

(5)分角色演唱,注意唱出不同角色的不同音色。(兔妈妈:老师。大灰狼:男生。小兔子:女生。)

3. 听听动动。

(1)请多位同学上台分角色表演(戴头饰)。

(2)其余同学一起演唱。

（设计意图：歌曲简单，通过各种游戏活动丰富歌曲学习内容。）

4. 认识好朋友。

（1）教师出示 PPT 图片（小提琴、大提琴、圆号）。

（2）认识三种西洋乐器并听辨乐器音色。

（3）说出每种乐器的音色特点（小提琴：优美。圆号：低沉。大提琴：温柔。）。

（4）能准确分辨出不同乐器的不同音色（放不同乐器的音乐片段，分组抢答），说出哪一种乐器适合表现哪一种动物角色（小兔子，大灰狼，兔妈妈）。

（5）乐器拼图游戏（PPT 制作，加深印象，提高学生的学习兴趣）。

（6）欣赏乐器演奏《小兔子乖乖》。

（设计意图：与故事情节结合学习乐器音色会更加吸引学生兴趣，也更加具象。）

三、课堂小结

今天，通过学习，我们学会了演唱歌曲《小兔子乖乖》。

老师希望同学们好好学习，独自在家时，不随便给陌生人开门，学会保护自己；爱护动物，珍惜生命。

四、课堂结束

播放乐器演奏《小兔子乖乖》，学生们在音乐声中快乐地走出音乐教室。

（执教：深圳市龙岗区坂田爱爱学校　赖小凤）

一年级的音乐课

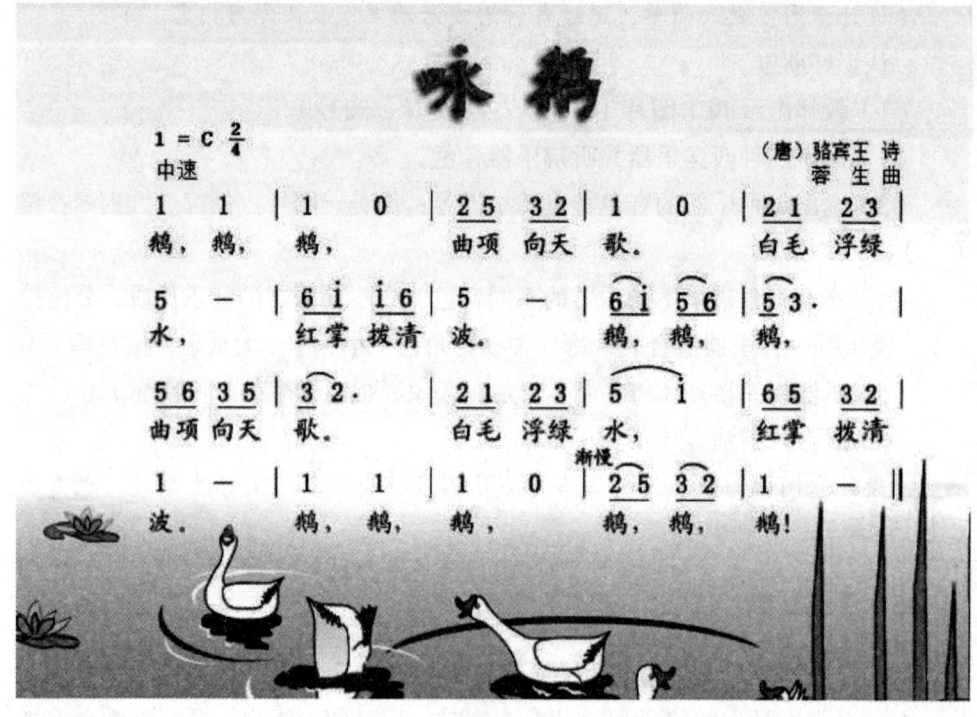

第十三课《吟唱古诗词》

教案之一：

第一课时：

教学内容：

1. 结合器乐演奏的音响听辩大提琴，小提琴两种不同的乐器音色。
2. 学唱歌曲《咏鹅》并进行唱游活动。

教学目标：

1. 知识目标：学习听辩大提琴，小提琴的音色，能区分出用两件乐器演奏的《咏鹅》，回顾所学过强弱记号认识新的强弱记号。
2. 情感目标：能背唱歌曲《咏鹅》在演唱中感受音乐如何与诗歌相结合，

体验音高与诗词韵律结合的美感。

3. 能力目标：通过游唱的形式表现歌曲，加深对歌曲的表现与理解。

教学重难点：

1. 学会咏唱歌曲《咏鹅》，特别注意容易出错的相似旋律。
2. 咏唱歌曲通过强弱关系表达音乐的韵味。
3. 巩固大提琴，小提琴的音色听辨。

教学过程：

一、导入

老师给大家出个谜语看看谁能猜出来：头戴一顶红帽子，身穿一身白袍子。脚蹬一双红靴子，唱起歌来伸脖子。（白鹅）

大家说说形容大白鹅的诗词。

（设计意图：谜语会增加学生的好奇心，而且谜语形容的是白鹅的外表诗词也是形容的外表。）

二、听诗画图

1. 我们一起来看看大白鹅是什么样子的。（播放大白鹅游泳视频。）
2. 中国的古诗中是怎么形容大白鹅的呢？（播放古诗朗诵或老师朗诵同时画出大白鹅：鹅，鹅，鹅。画头。曲项向天歌。画脖子。白毛浮绿水。画身体。红掌拨清波。画脚。会背的同学可以一起背诵。）
3. 如果我们用歌曲把诗词唱出来会是什么样的感觉呢？

（设计意图：通过绘画的形式让学生带入到诗词描绘的情境中。）

三、学唱歌曲

1. 完整聆听歌曲同时老师表演大白鹅。（将右手手指涂成红色或者戴上红色手套模仿鹅嘴，将右手手掌涂成白色模仿鹅头，将右手手臂涂成白色或戴上白色袖套模仿鹅颈，用白羽扇模仿身体。）
2. 老师模仿得像不像？你们想不想也试试啊？（复听歌曲，带领学生模仿大白鹅。）
3. 说说歌词中的大白鹅是什么样子的？（挺着大肚子慢悠悠的在水里。）

4. 老师带领学生一起模仿大白鹅走路。

鹅，鹅，鹅，左脚 右脚 左脚。

曲项向天歌。伸右手向上模仿鹅头。

白毛浮绿水，两手放身体两侧手掌放平原地向右转圈（慢）。

红掌拨清波。两手放身体两侧手掌放平原地向左转圈（快）。

5. 熟悉歌词后老师带领，分组练习演唱。

先由老师带领跟随伴奏演唱一遍。

学生分成八组，按顺序接龙演唱两遍。

老师现场开头第一句然后老师指到哪一组那一组就要以最快速度接上前一句。

老师做动作让学生猜是哪一句还要唱出来。

（设计意图：通过动作的模仿更容易让学生记住歌词的节奏。）

四、复习强弱关系

1. 我们看到大白鹅摇摇摆摆的，可不要以为它很笨拙哦！曾经有人用它们来预报地震个敌人袭击哦！所以想要靠近大白鹅，我们就要轻轻地悄悄地。而在我们的音乐中轻轻地声音我们问叫他弱音，而大声的响亮的我们叫他强音。

2. 接下来就跟着老师我们一起悄悄的接近大白鹅，我弱唱时用因为字母 P 来代表。（带领学生弱唱第一句。）哎呀，我们大白鹅发现了！它开始对我们大叫起来了强唱我们用 f 来代表。（带领学生用强音唱第二句。）不过大白鹅发现我们没有恶意又安静的游回了河里。（带领学生用弱音演唱后两句。）

3. 我们刚刚用强弱音唱出一遍，那你觉得这些强弱记号应该分别写在哪一句上呢呢？（带领学生给歌词标注强弱记号。）

（设计意图：对于一年级学生来说强弱可能有些陌生但是对小声和大声他们还是知道的，所以用悄悄的接近和被发现了来带入对强弱的学习更容易让孩子接受。）

五、学习听辩大提琴和小提琴

1. 接下来我要考考同学们的耳朵，听听这两个声音哪个是鹅妈妈哪个是鹅宝宝。

（分别播放大提琴演奏的《咏鹅》和小提琴演奏的《咏鹅》，同时让学生跟唱。）

2. 我们刚刚听到了鹅妈妈和鹅宝宝的声音但它们的声音不是唱出来的，而是用乐器演奏出来的。那是什么样的乐器呢？鹅妈妈比较高大所以演奏它的乐器也很大（展示大提琴图片）。鹅宝宝很小所以演奏它的乐器也比较小（展示小提琴图片）。

3. 接下来我们就好好认识一下这两种乐器：大的模仿鹅妈妈的叫大提琴。小的模仿鹅宝宝的是小提琴。（简单介绍大提琴和小提琴的特点和区别。）

4. 接下来我们就让男生来模仿大提琴的声音，让女生来模仿小提琴的声音。（男生唱一段女生唱一段。）

（设计意图：通过对乐器音色的形容与模仿可以让学生更直接的体会乐器的音色特点。）

六、拓展

1. 我们今天学了《咏鹅》这首歌那你们知道这首歌里面的诗词是谁写的啊？（介绍骆宾王。）

2. 你们知道吗？骆宾王就是在你们这么大的时候写出的这首诗哦！那么你们想不想也当一回小诗人呢？骆宾王写的是鹅那我就换一种小动物好不好？我们换成小猫。老师示范：喵，喵，喵。一只小花猫。舔舔小爪子，伸个大懒腰。

3. 老师写的好听吗？那么接下来你们就来做小诗人吧。（学生提出一种小动物老师辅助修改。）

（设计意图：通过创编可以让学生亲身体验歌词的创作可以更好的与学生互动。）

七、总结

1. 今天我们还唱了一首什么歌？这首歌给我们描绘了一个什么动物？
2. 今天我们认识了哪几种乐器？它们都有什么样的声音？
（引导学生动物来形容乐器的音色特点。）
3. 今天的音乐课就要结束了，大白鹅也要回家了。
（播放音乐，引导孩子随老师边唱歌去边模仿大白鹅走出教室。）

（执教：深圳市龙岗区深圳实验承翰学校　王贵海）

一年级的音乐课

第十三课《吟唱古诗词》

教案之二：

第一课时：

教学内容分析：

歌曲《咏鹅》根据唐代诗人骆宾王的作品《咏鹅》创作而成，共五个乐句，用中国的民族宫调式写成，歌曲生动的体现了鹅的外形以及游水时轻盈优雅的动作，从学生兴趣的基础出发，利用孩子们喜爱动物的天性，培养和挖掘他们心灵中美好的情感。通过听、唱等音乐活动，丰富学生们的情感世界。

教学目标：

1. 知识目标：学唱歌曲《咏鹅》，用轻松自然的声音演唱歌曲、表现歌曲。
2. 情感目标：体味古诗词的韵味，感受鹅悠闲自在的形象。
3. 能力目标：用自己喜爱的形式来创作表演《咏鹅》，复习和巩固大提琴、小提琴的音色，能区分出这两种乐器演奏的《咏鹅》。

教学重难点：

1. 熟唱歌曲，体会歌曲的音乐形象，并引导学生用优美的歌声来表现音乐情绪。
2. 五个乐句句尾音准的把握。
3. 两个相似乐句区别。

教学过程：

一、导入

1. 同学们，今天的音乐课，老师给你们请来一位朋友，这位朋友说猜对谜语就知道它的名字，你们猜它是谁？

（播放《咏鹅》伴奏音乐，老师一边做动作，一边说谜语。）

"头戴红帽子，身穿白袍子，脚蹬红靴子，唱歌儿伸脖子"你们猜一猜！

谜底：鹅。

2. 展开《鹅》的图片，让学生观察，综合描述鹅的外观，你们看这是谁？白鹅有长长的（　）羽毛是（　），可是它的额头、嘴和脚又是什么颜色的？（　），谁来模仿一下白鹅游泳和走路的样子？（请几位学生模仿鹅的动作。）

（设计意图：通过猜谜语调动学生的积极性，从而引导学生对此课感兴趣。）

二、古诗学习

1. 朗诵古诗《咏鹅》

同学们你们喜欢白鹅吗？有一位小朋友也特别喜欢鹅，在他七岁的时候就为它作了一首诗呢，谁知道这首诗吗？展示课题——《咏鹅》，那你们能不能把这首诗朗诵给老师听呢？（学生一起朗诵。）

　　　　　咏鹅
　　　　鹅，鹅，鹅
　　　　曲项向天歌
　　　　白毛浮绿水
　　　　红掌拨清波

2. 老师有感情朗诵，学生仔细聆听

老师也很喜欢这首古诗，老师也想来朗诵一下这首古诗，说说老师朗诵的和同学们朗诵的有什么不一样？（学生自由发言。）

3. 配乐朗诵

教师播放两首乐曲（春节序曲、咏鹅），仔细聆听，看看哪首音乐适合我们的这首诗朗诵呢？为什么？

配《咏鹅》伴奏音乐，自编动作有感情的朗诵《咏鹅》。

现在老师就请大家用最美的声音，最好看的动作，配上我们的音乐一起来朗诵这首古诗好吗？

（设计意图：利用欣赏、朗诵古诗、给古诗配乐朗诵等，引导学生欣赏古诗的语言美，体验诗人所表达的意境及思想感情，培养学生高尚情操，提高学生音乐审美能力。）

 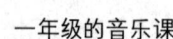

三、歌曲学习

导语：同学们，古诗不仅可以来朗诵，还可以用歌声唱出来呢，今天我们就来学习这首由唐诗谱写的歌曲《咏鹅》。

（一）聆听歌曲

1. 完整聆听歌曲范唱，感受情绪。

在多媒体选择自己认为适合演唱这首歌曲的表情（微笑、发愁、哭泣），并说说理由。师：大家说说，哪一个表情适合我们这首歌曲的演唱呢？

2. 再次聆听，划分乐句。

你们太棒了，很会用心去聆听，同学们，我们的古诗是一句一句来朗诵的，我们的歌曲也是一句一句来演唱的，下面我们再来听一遍这首歌曲，大家边听、边跟随老师一起画歌曲的旋律线，数一数这首歌曲总共用了多少个乐句来演唱。

（设计意图：通过聆听，感受歌曲的情绪，让学生体会旋律线的画法及对乐句的理解。）

（二）学唱歌谱

1. 复习手号 do mi so

同学们太棒了，一下子就找出来了，今天老师这里还有三个小朋友也想跟大家一起来学习这首歌曲，大家想不想认识一下？（在黑板上展示 do mi so 卡片，一起复习三个音的手号打法，并唱出音名，用琴调音准。）

2. 歌谱演唱接龙

三个小朋友想跟大家玩个手号接龙游戏，当老师出到哪个手号的时候，大家就要把他唱出来，行不行？看哪个小朋友反应最快，唱得最准。（教师领唱《咏鹅》歌谱，在演唱有 do mi so 三个结尾的乐句时，最后一个音打出手号，由学生接龙演唱出来，并用琴调整音准。）

3. 演唱歌谱

小朋友们表现很棒，下面老师来弹琴，大家一起来演唱歌谱。（教师弹琴，学生跟琴演唱歌谱，在结尾音时，教师适时用手号提示，把握音准。）

（设计意图：利用手号复习和接龙演唱，巩固学生对音高和音准的把握，解决难点之一，提高学生的识谱能力。）

（三）学唱歌曲

1. 哼唱歌曲旋律

现在老师想请小朋友们用"La"来哼唱这首歌的旋律。（播放《咏鹅》伴奏旋律，学生随音乐用"啦"哼唱歌曲旋律。注意提示用开心、微笑的表情，声音要优美，小声轻唱。）

2. 教师带唱

下面就请大家跟老师来学唱这首歌曲，老师唱一句，小朋友们跟唱一句。

（教师弹琴范唱，学生跟唱，不对的地方及时纠正，注意吐字、音准、休止符等。）

3. 跟琴唱词

小朋友们唱得很棒，能不能跟着老师的琴声一起来唱唱歌词呢？（教师弹琴，学生随琴轻声演唱歌词。）

4. 找一找、唱一唱

找出歌曲中歌词相同而旋律不同的乐句，解决容易唱错的两个乐句。

同学们唱得真好，下面请小朋友们一起来找一找，歌曲中有没有相同的歌词，它们的旋律演唱相不相同？

2 12 3 | 5 — | 6 ii 6 | 5— | 和 2 12 3 | 5 i | 6 53 2 | 1— |
白毛 浮绿 水， 红掌 拨清 波。　　白毛 浮绿 水， 红掌 拨清 波。

提示学生找出歌曲中的这两句歌词，区分旋律的异同，并用钢琴弹奏，旋律手势，描绘鹅的表现（白鹅平静湖面游泳、戏水溅起水花。）等方式，带领学生唱准唱会这两句歌词旋律。

（设计意图：通过找一找，提高学生的观察和辨别能力，同时解决学生最容易唱错的地方。）

5. 完整聆听歌曲《咏鹅》，心中默唱，记歌词旋律

小朋友们表现好棒哦，下面请小朋友们跟着歌曲的原唱，一边聆听，在心里面默唱歌词，记住歌曲的歌词。（聆听歌曲，对嘴型，不唱出声音。）

6. 随伴奏有感情的背唱歌曲

小朋友们听得很投入，你们能不能把这首歌曲背唱出来呢？下面老师请小朋友们跟着歌曲的伴奏音乐，一起有感情的来演唱这首歌曲，好吗？（播放伴奏，学生有感情演唱。）

（设计意图：体会歌曲悠闲自在的音乐形象，引导学生用优美的歌声来表现音乐情绪，同时解决本课中难点。）

（四）表现歌曲

小朋友们唱得太棒了，你们优美的歌声已经让白鹅知道，你们是多么的喜欢他了，你们看，它已经来到我们身边了。（播放课件，展示鹅美丽的画面。）

1. 设计白鹅游泳、戏水、伸脖子等动作。

漂亮吗？谁能学学他伸脖子的样子。（让学生自己设计一些白鹅在水中游泳、戏水、伸脖子等动作，并予以肯定和表扬。）

2. 请一个学生上台演唱《咏鹅》，部分学生上台表演白鹅的动作。

谁能用最美的歌声来演唱这首歌曲吗？（学生举手上台表演，请一位同学演唱，其余几位给她伴舞。）

3. 学生评价，教师小结。

4. 全体学生随伴奏有感情演唱歌曲，用自己设计的动作进行律动。

让我们一起来表演白鹅，看看谁是最可爱的白鹅。（播放《咏鹅》伴奏音乐，师生一起表演《咏鹅》。）

（设计意图：用多种形式表现歌曲，加深学生对歌曲的体会和理解，通过创造、体验、合作，使学生的情感得到升华，同时提高自身的表演和欣赏水平。）

四、复习听辨大提琴、小提琴的音色

小朋友们表现太好了，大家还记得我们上节课中学习的大提琴和小提琴吗？让我们一起来回顾一下，看同学们能否听辨出来？

1. 聆听大提琴和小提琴演奏的《小兔子乖乖》旋律片段

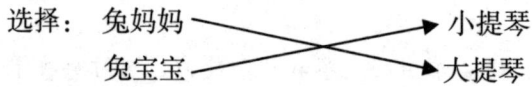

2. 聆听大提琴和小提琴演奏的《咏鹅》片段

今天和我们相处的这群白鹅里面，也有鹅妈妈和鹅宝宝，你们能分辨出来吗？下面我们来听两段音乐，看看哪一段是代表鹅妈妈？哪一段是代表鹅宝宝的？

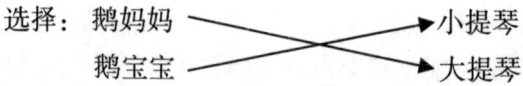

3. 让学生用语言描述大提琴和小提琴的音色特点，并做出相应的演奏动作

（设计意图：通过复习，巩固学生对大提琴、小提琴两种乐器音色的特点，并能听辨出大提琴、小提琴的音色。）

五、拓展

今天小朋友们表现太好了，不仅能用优美的歌声和舞蹈来表现白鹅，还能辨别出谁是鹅妈妈，谁是鹅宝宝，老师觉得你们就是那群美丽的白鹅。下面老师请同学们来聆听另外一首歌曲，看看这首歌曲跟我们今天学生这首歌曲有深相同和不同？

1. 聆听谷建芬创作版的歌曲《咏鹅》，让学生说说两首歌曲的异同。

2. 思考：《咏鹅》这首诗为什么被人们吟诵了上千年而经久不衰呢？这是因为它有着迷人的艺术魅力。小作者通过写诗，表现出了他对鹅的喜爱之情，刚才，我们又用歌声表现出了我们对鹅的喜爱之情，现在请同学们思考一下：我们还可以用什么样的方式可以表达我们对鹅的喜爱之情呢？

（设计意图：让学生欣赏不同版本的古诗歌曲，感受一首诗歌两种风格的多样性，讨论对比之后的体会和感受。）

六、总结

同学们，今天的音乐课我们学会了一首很好听的歌曲，叫什么呀？这首歌的歌词呀，是我们都会背诵的一首古诗，在我们平时的生活中，只要我们细心注意，你会发现，在我们身边到处都有音乐，音乐带给我们很多的快乐，小朋友们今天快乐吗？我们不但学会了歌曲《咏鹅》，而且还用了自己喜欢的方式展示你们对鹅的喜爱之情，那么，在我们的生活中，我们应该爱护大自然，保护小动物，不要去伤害它们，大家能做到吗？今天的音乐课就到这里，让我们随着音乐，做着白鹅的动作开心的走出教室。

（执教：深圳市龙岗区鹏达学校 万增富）

第十四课《学童谣，唱儿歌》

第一课时：

教学内容：

学唱歌曲《梅花鹿》。

教学目标：

知识目标：通过学习，能背唱歌曲《梅花鹿》。
情感目标：从音乐中感受动物的可爱形象，懂得动物是我们人类的好朋友。
能力目标：能灵活运用小打击乐器为歌曲伴奏。

教学重难点：

1. 用自然的声音歌唱《梅花鹿》，用打击乐器为歌曲伴奏。
2. 找出歌曲中相同的乐句。
3. 唱准歌曲的第三乐句 3 5 3 2 3 | 5. 6 | 3 5 3 2 3 | 5 — | 。
   可爱的梅花 鹿　　美丽的梅花 鹿，

教学过程：

一、导入

1. 出示大兴安岭风景图：今天老师将带领同学们一起走进我国东北的大兴安岭去郊游，那里不但风景优美，还住着很多国家级保护的动物。现在让我们一起出发吧！

2. 出示幻灯片：旋律 3 5 3 2 3 | 5. 6 | 3 5 3 2 3 | 5 — | ）同学们，我们必须唱出这条旋律才能翻过这座大山才能到达大兴安岭，请跟老师一起前进。（引导学生跟琴唱旋律。）

3. 同学们太棒了，轻轻松松的就翻过了大山，我们来到了大兴安岭，让我们欣赏胜利后的风景吧。（播放大兴安岭风景的幻灯片，以歌曲《梅花鹿》伴奏为背景音乐,学生观看幻灯片。)

(设计意图:以带学生去郊游的形式来激发学生的学习兴趣,在唱所学的音组成的上行和下行音阶来为学习歌曲中相同的乐句做铺垫。)

二、学习歌曲

(一)聆听歌曲范唱

1. 首听歌曲:在大兴安岭住着一位神秘的小动物,让我们聆听歌曲,猜猜它是谁?(板书课题《梅花鹿》。)

2. 再次聆听歌曲:请你认真聆听歌曲《梅花鹿》,它长得什么模样,它喜欢在哪里玩耍,喜欢吃什么?(教师在黑板上根据歌唱的演唱贴贴画:头上长了好长的角、它穿了一件花棉袄、喜欢吃青草、喜欢去小河边、森林玩耍。)

3. 请你跟老师一起按节奏读歌词(解决学生不认识的生字。如:犄(ji)角、花袄(ao)。)教师用木鱼边打 X X|X X|X X|X X| 节奏,边读歌词。

(设计意图:多次聆听歌曲《梅花鹿》范唱,加深孩子对歌曲的印象,为下一步学习歌曲做准备。因为一年级的孩子识字量不多,所以读歌词解决歌词中不认识的生字。)

(二)旋律学习

1. 师:你们喜欢和梅花鹿做朋友吗?想不想去他生活的森林看看呀?那我们跟着梅花鹿的脚步去看看他的家园。

(出示幻灯片,以乐句 5 6 5 |5 6 1 |5 6 1 | 1 - ‖ 的旋律图。)

2. 啊,同学们我们要紧跟着梅花鹿的脚印才能走到它的家园,要不然会迷路的?

(请学生根据幻灯片上旋律图唱旋律。学生先自由哼唱,请会唱的学生来示范。教师用琴伴奏,全班一起唱旋律。)

(设计意图:利用学生的好奇心,创设情景让学生在自然而然、潜濡默化的接受音乐,熟悉歌曲旋律为下一步歌曲学唱做铺垫。)

(三)学唱歌曲

1. 师:(出示梅花鹿家园的幻灯片。)同学们我们翻山越岭终于来到了梅花鹿的家园,我们一起来看看梅花鹿在它美丽的家园是什么生活的。(播放教学课件视频,聆听歌曲范唱。)

一年级的音乐课

哇，小朋友我们的梅花鹿就是在这个美丽的大森林里自由自在的生活，那我们唱一唱歌曲《梅花鹿》。

2. 师：（出示歌谱）请学生找出 5 6 5 ｜5 6 1 ｜5 6 1｜1 - ‖这个乐句，并唱一唱。

能加上歌词来唱一唱吗？（教师伴奏，学生填词演唱。）

3. 请同学们认真观察，那个乐句和第一个乐句是相同的？请你找出来，并唱一唱。（第四个乐句，引导学生演唱旋律。）

4. 你能填词唱一唱吗？（教师伴奏，学生演唱。）

5. 再次聆听歌曲《梅花鹿》范唱，学生跟唱会唱的第一和第四句歌词。

6. 再次聆听歌曲《梅花鹿范唱》，学生轻声跟唱。

7. 教师伴奏，师生接龙演唱。

8. 教师伴奏。学生完整演唱。

9. 学生演唱中容易把第三乐句 3 5 3 2 3 ｜5. 6 ｜3 5 3 2 3 ｜5 - ｜的最后
可爱的梅花 鹿　　　　美丽的梅花 鹿，
的 5 - 唱成 5．6，在演唱这个乐句是给学生加两个动作来区分这句歌词。5．6 用手画⌒形来表示，5- 用手画—来表示。

10. 引导学生用自然、活泼的声音演唱歌曲《梅花鹿》。

（设计意图：在情景创设中学会歌曲中相同的乐句，并在不断的聆听中学习歌曲，用手画线来突破本课的难点，在歌曲的学习中用不同的演唱方法来锻炼学生的歌词技巧，并提高学生的欣赏水平。）

（四）加入打击乐器的伴奏

小朋友你们的歌声太动人了，我想把歌曲变动在丰富一些。出示打击乐器（教师引导学生从凳子下拿出乐器，根据幻灯片的节奏来为歌曲伴奏。）

三角铁：X —｜X —｜

木鱼：X X｜X X｜

蛙筒：X —｜X —｜

响板：X X｜X X｜

附打击乐谱：

（设计意图：在学唱歌曲以后，引导学生运用熟识的小乐器为歌曲伴奏，锻炼学生的动手演奏能力。）

三、拓展，总结

同学们，今天老师带你们去美丽的大兴安岭，看到了美丽的风景，学习了歌曲《梅花鹿》，认识了梅花鹿，梅花鹿是国家一级保护动物，也是我们人类的好朋友，所有爱护动物是一件公益事情，需要大家努力。今天的课上到这里，下课。

一年级的音乐课

第二课时：

教学内容：

学唱歌曲《我的头和我的肩》。

教学目标：

1. 知识目标：在音乐活动中，学会演唱歌曲《我的头和我的肩》。
2. 情感目标：通过学习歌曲《我的头和我的肩》，领悟身体的部位。
3. 能力目标：在老师的帮助下进行编创歌词的活动，并能唱出来。

教学重难点：

能用轻快的声音演唱歌曲。

教学过程：

一、导入

1. 同学们，我想请你们和我一起来动一动身体（播放奥尔夫律动音乐《音阶歌》）请学生给老师一起做律动。

2.刚才你们在律动中，你摸到了你身体的那个部位？（生：脚、腰、肩膀…）

（设计意图：根据一年级学生的好动的年龄特征，用律动来调动学生的学习积极性，使之积极主动地参与到课堂学习中。）

二、节奏

声势游戏：让学生用"X XX"这个节奏声势说出身体的部位。

1.（出示幻灯片   ）同学们,老师考考你们谁能把这个节奏打出来？（生示范）请示范对的孩子,上台示范，台下的孩子模仿。

2.同学们表现的很棒，那要是用"X XX"这个节奏来说说我们身体的部位。教师打节奏边读："我的头"。（生：我的肩、我的脚、我的手…）

（设计意图："X XX"节奏在以前已经学习，但并引导学生用力度变化的方式来读歌词，为下一步学习歌曲做铺垫。）

三、学习歌曲

1.（播放歌曲《我的头和我的肩》范唱。）请学生认真聆听，根据音乐摸摸自己相应的部位。

2.（出示完整歌谱）同学们都非常认真的完成老师布置的每一项任务，老师给你们每个小朋友点个赞。那现在我们能看着歌谱用刚才我们学校的"X XX"的节奏来读歌词吗？老师和你们一起接龙可以吗？（师生接龙读歌词、学生完整读歌词。）

3.（第二次聆听歌曲）请同学们轻声跟唱。

4.教师伴奏，师生接龙演唱。

5.教师伴奏，学生跟琴演唱歌曲。

6.教师播放伴奏，和学生一起律动边演唱歌曲。

四、拓展总结

1.游戏："我是小小作曲家：师：根据任务卡内容，各组编创歌曲，扮演小动物，加行律动，表演歌曲。（把学生分成四组，请小组长上台拿装着"动

物卡片、填词的卡"任务卡）填词卡：我的（　），我的（　），我的（　），我的（　），这是我的（　），这是我的（　）。

2. 教师去各组巡视，引导学生完成对歌曲的填词。

3. 分组上台表演。

4. 请学生来点评各组的表演，老师总评，评出最棒的小组，奖励组员每人一个小红花。同时鼓励其他小朋友不要泄气，在下节课，你会有更好的表现。

（设计意图：通过让学生创编，发挥学生的想象力和创造力，同时进一步熟悉歌曲旋律。）

第三课时：

教学目标：

1. 知识目标：在学习和活动过程中，能用活泼生动的情绪演唱歌曲《爷爷过生日》。

2. 情感目标：通过学习歌曲《爷爷过生日》，懂得尊老爱幼是我国的传统美德，学会尊重长辈，关爱家人及身边的人。

3. 能力目标：在老师的引导下尝试对歌词的创编，及给歌曲加上律动的动作。

教学重难点：

1. 聆听感受歌曲的情绪，能有感情演唱歌曲。

2. 能用活泼好动的情绪演唱《爷爷过生日》，懂得尊重长辈，培养学生的表演及创新能力。

教学过程：

一、导入

1. 欢迎同学们和我一起走进音乐世界，（出示幻灯片显示"由寿字的生日蛋糕"，背景音乐：生日歌。）你看到了什么？你听到了什么？（过生日的场景。）

2. （播放歌曲《爷爷过生日》范唱。）哈，同学们请你们认真聆听歌曲，老师今天想给谁过生日呢？

3. （出示课题《爷爷过生日》。）小朋友真聪明，我们今天就给爷爷过生日。

（设计意图：通过情景教学，激发孩子的好奇心和探索欲望，为学生提供趣味性问题，培养孩子安静聆听音乐习惯，初步感受歌曲。）

二、学习歌曲

（一）聆听歌曲，了解歌词内容

1. （播放歌曲《爷爷过生日》范唱。）同学们让我们完成聆听歌曲，歌曲中的小朋友在爷爷过生日的时候他是怎么做的,歌曲里还有谁？他们做了什么？（生：给爷爷唱歌、买蛋糕送爷爷、有爸爸、妈妈、爷爷、奶奶……）

2. （出示歌谱）请同学们跟我边拍节奏，边读歌词。（学生模仿。）

3. 师生接龙读歌词。

（设计意图：通过聆听歌曲，读歌词，为学习歌曲做铺垫。）

（二）学唱歌曲

1. 聆听歌曲《爷爷过生日》范唱，请学生跟范唱默唱。

2. 教师用琴伴奏，学生发"lu"音哼唱旋律。（2遍）（引导学生用正确的发声方法哼唱，保持歌词状态。）

3. 教师用琴伴奏，师生接龙演唱第一段歌词。

4. 学生熟悉第一段歌词后，教师用琴伴奏，请学生尝试唱第二段歌词。

5. 同学们你们唱的真好听。（播放歌曲范唱。）你们听听，小红给爷爷过生日时，因此歌曲，她的情绪是怎样的？

6. 那我们来小组比赛，看谁唱得更好听？（分组演唱，教师引导学生用自然活泼的声音演唱歌曲。）

7. 请学生评价那组演唱的最好，教师总结评出唱的最好的小组。请上台表演。（小组比赛后，评出唱得好的小组加10分，其他小组加5分。）

8. 熟悉歌曲后，请学生一起给歌曲编创律动动作。

9. 学生听伴奏，边律动边演唱歌曲。

（设计意图：通过聆听、不同的演唱方式、小组合作、根据歌词内容编创歌曲律动等方式让学生学会歌曲。）

（三）拓展延伸

1. 同学们，如何今天是你爷爷过生日，你会给爷爷送什么礼物呢？（生：画幅画、跳个舞……）

2. 那小朋友你能把他送爷爷的礼物编创歌曲，唱一唱吗？（学生开始根据自己编创的歌词演唱。）

3. 我们的小朋友真热情，给爷爷送了那么多的礼物，爷爷一定很开心。我想在这里为爷爷模拟举办一个生日 party（拿出一副搞笑眼镜假胡子。），请一位小朋友来扮演爷爷。（孩子看到有道具，争先恐后的要来扮演爷爷。）在请三位同学，分别扮演奶奶、爸爸、妈妈。教师扮演主持人。（扮演爷爷的坐在上座，奶奶做爷爷的右手边，爸爸妈妈做爷爷的左手边，前面放在桌子摆上蛋糕，剩下的小朋友去给爷爷过生日。）

（设计意图：创设情景，引导学生从生活中感受音乐，充分利用学生的根据自己的经历，自主合作探究，在活动中表达对爷爷的爱，学会关爱他人，培养学生的创新能力，让他们在创造中感受快乐。）

三、小结

同学们今天你在这节课中学会了什么歌曲（爷爷过过生日。），那你知道你爷爷的生日是什么时候吗？（生：不知道。）小朋友，爷爷、奶奶、爸爸、妈妈他们对你的生日记得清清楚楚。那我们今天回家一点要问他们的生日，写在书上的50页，牢牢的记住他们的生日，等到他们过生日的那天给他们个惊喜。因为尊老爱幼是中国的传统美德，我们要把这中美德传承下去。

（执教：深圳市龙岗区兴泰实验学校　宁茜茜）

一年级的音乐课

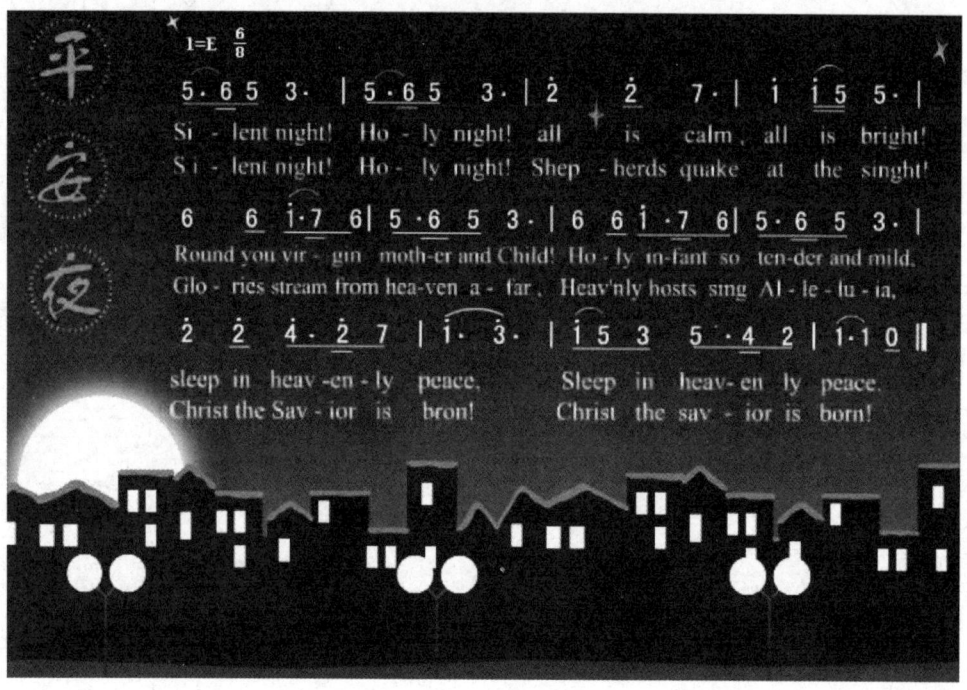

第十五课《冬天的节日》

教案之一：

第一课时：

教学内容：

1. 学唱歌曲《祝你圣诞快乐》，并进行唱游活动。
2. 欣赏歌曲《平安夜》，并哼唱其旋律。

教学目标：

1. 知识目标：找到歌曲的四个乐句，正确使用换气记号；感知节奏（弱起小节）。
2. 情感目标：在老师创设的情境中感受音乐；想象、体验西方平安夜宁静祥和的节日气氛。
3. 能力目标：唱好《祝你圣诞快乐》，并用英文演唱歌曲。

教学重难点：

1. 学会歌曲《祝你圣诞快乐》，注意在正确的位置换气，以体现出歌曲的乐句感。
2. 唱准1、2、3乐句开头的四度音程。
3. 唱好弱起小节。

教学过程：

一、导入

1. 现在是什么季节？有谁知道冬天里有什么节日呢？
2. 小朋友们知道圣诞节是哪些国家过的节日吗？（小结：这是一个西方的节日。）

 一年级的音乐课

3. 今天老师想带小朋友们一起去美国的迪士尼乐园，看看美国的圣诞节是什么样子的。（出示幻灯图片：美国迪士尼乐园。）

4. 迪士尼乐园每一个景点都有我们熟悉的朋友在等着和我们一起过节。不过，要想进入每一个景点，就必须用英语念出以下的口诀：

We wish you a Mer-ry Christ-mas! ˇ We wish you a Mer-ry Christ-mas! ˇ We wish you a Mer-ry Christ-mas! ˇ

（学生跟随老师有节奏的读出此句英文，学会开门口诀。）

（设计意图：《祝你圣诞快乐》中最主要的节奏，因为每句都是这样的弱起节奏，学生容易唱错，因此设计一个开门口诀，在歌曲学会前将会反复出现，以达到加深印象的目的，注意ˇ换气记号。）

二、认识换气记号，感受弱起节奏

（一）奥尔良广场

1. 今天是圣诞节，这里的节日氛围真浓，人真多呀！（出示幻灯图片：张灯结彩的奥尔良广场，中间有一只唐老鸭。）

快来听一听，这只唐老鸭在说什么？（播放节奏，同时幻灯片出示节奏。）

3/4 嘎 嘎 ˇ 嘎 | 嘎 嘎 ˇ 嘎 |

2. 你们知道这个 ˇ 是什么吗？（出示幻灯图片：换气记号。）

这个叫做换气记号，一看见它就不能发出任何声音。

3. 看看这个换气记号长得象什么呀？（引导学生观察。）

像作业本上的红勾勾。

4. 让我们跟着唐老鸭来学一学鸭子的叫声吧。（齐读节奏，注意准确换气。）

5. 该跟唐老鸭再见了，我们又要准备去动物天地喽！开门口诀是什么呀？注意换气记号哦！（出示幻灯：开门口诀。）跟老师一起唱起开门口诀，准备出发吧！

（设计意图：首先认识换气记号，为后面的乐句学习做好铺垫。）

（二）动物天地

1. 来到动物天地。（出示幻灯图片：节日中的动物城堡布置得像个童话世界。）

大家来听听，小动物们在唱什么歌啊，这么好听？（播放：歌曲《平安夜》。）

2. 大家知道这首好听的歌曲叫什么名字吗？（出示幻灯图片：《平安夜》。

3. 每年的 12 月 25 日是西方的圣诞节，12 月 24 日的晚上称为"平安夜"。传说这一天是圣诞老人向小朋友派发礼物的时间，圣诞老人会在小朋友们睡着的时候将礼物悄悄挂在圣诞树上，而小朋友们则在第二天，也就是圣诞节当天的早上拆开礼物。哇，听上去是不是很有神秘感啊？（幻灯片出示：一棵挂满礼物的圣诞树。）

4. 集体随《祝你圣诞快乐》音乐律动，想象自己是一课慢慢伸展的圣诞树。

第 1 乐句：双手叉腰；第 2 乐句：双手拍肩；第 3 乐句：双手举过头顶；最后一句：双手从腰侧往前打开。

5. 接下来，我们要去米老鼠卡通城了！开门口诀是什么呀？（出示幻灯：开门口诀跟老师一起唱起开门口诀，准备出发吧！

（设计意图：通过律动，帮助学生感受旋律，为乐句学习做好准备。）

（三）米老鼠卡通城

1. 来到米老鼠卡通城（出示幻灯图片）。

哇！米老鼠在做什么呢？它们在唱歌呢！

2. 请你听一听，它的朋友藏在歌曲中了，歌曲有几个乐句，它就有几个朋友。（播放歌曲，可以引导学生再次律动。）

3. 有几个乐句呢？请看黑板。（边说边把角色图片贴在乐谱中乐句的相应位置。）

4. 我们一起来唱唱这几个朋友带来的乐句吧。（引导学生唱好每句开头的音程。）

5. 小朋友们认识这几个朋友了吗？听听老师弹的，分别是谁呢？（老师任意弹乐句开头音程，让学生辨别。）

6. 让我们再唱一唱这几个朋友带来的乐句，然后要进入大教堂了。

（设计意图：建立乐句概念，唱好起始音程，对弱起小节的演唱进行铺垫。）

三、歌曲学习

1. 教堂里的小动物们正在学习圣诞节要演唱的歌曲。（幻灯片展示：一群小动物正在教堂里认真唱歌，引导学生聆听《祝你圣诞快乐》。）

2. 让我们加入他们吧！在老师的钢琴伴奏下，带领学生演唱歌词。

3. 现在我们要用英语演唱，有谁愿意来试一下呢？你唱前面 3 句，老师唱最后一句。（师生随琴演唱。）

一年级的音乐课

4. 最后一句你会唱吗？引导学生学会最后一句的英文。

5. 让我们一起边唱边跳吧。（边唱边做圣诞树的律动。）

6. 孩子们，你们在认真唱歌跳舞的时候，圣诞老人已经悄悄的把礼物送给你们了，快看看！（幻灯片展示：若干小礼包拆开，各种礼物。）

（设计意图：1. 运用"角色表演"的方法能激发学生学习兴趣，加强学生对音乐的理解和记忆。2. 充分发挥评价的功能，引导学生自我评价、互相评价，以使表演质量不断提高。）

四、总结

1. 今天我们认识了一个什么记号？它有什么样的特点？

（引导学生从外形到声音来回忆换气记号的特点。）

2. 今天我们还唱了一首什么歌？我们还欣赏了一首什么歌？

（要求学生记住两首歌曲的歌名。）

3. 请每位同学做一张新年贺卡，下节课用！

（播放音乐，引导孩子随老师一起随着音乐走出教室。）

第二课时:

教学内容:

1. 学唱歌曲《新年好》,并进行唱游活动。
2. 欣赏歌曲《铃儿响叮当》,并能粗略哼唱。

教学目标:

1. 知识目标:感受歌曲中三拍子的韵律,比较二拍子与三拍子的不同。
2. 情感目标:在老师创设的情境中感受音乐;了解西方的新年风俗与我国节日文化的不同。
3. 能力目标:随歌曲《铃儿响叮当》愉快律动,并能粗略哼唱歌曲。

教学重难点:

1. 学会歌曲《新年好》,感受三拍子韵律。
2. 能粗略哼唱歌曲《铃儿响叮当》,并愉快律动。

教学过程：

一、导入

1. 孩子们，上课前我们先来看个视频。（出示春晚倒计时视频。）
2. 我们一起倒数：5、4、3、2、1！（师生讨论：什么节日会有这样倒计时活动，感受春晚现场的热闹场面。）
3. 人们常说："爆竹声声辞旧岁"！在中国的春节，鞭炮是一定少不了的，而在西方，过新年是不放鞭炮的。今天，老师就带大家感受一下西方没有鞭炮声的新年！

（出示幻灯图片：介绍英国美国的一些新年风俗。）

（设计意图：带领学生对比感受中西方国家不同的新年氛围。）

二、新授

（一）听听、说说

1. 播放歌曲《新年好》，师生说说各自家乡过年的习俗。（前后对比中西方节日文化的不同。）
2. 再听歌曲，想想：你要把准备好的贺卡送给谁？（在心里想好一个人的名字。）

（二）听听、读读

1. 复习三拍子，感受三拍子的韵律。（说说与二拍子有什么不同：多了一个弱拍、比二拍子感觉柔和一些、有转圈跳舞的感觉。）
2. 师生一起边划拍边读歌词。
3. 孩子们，你们给长辈们拜年时都做的什么动作啊？（作揖、磕头等。）我们就用作揖的动作同学之间相互拜年好不好？（师生边读歌词边作揖拜年。）

（三）听听、唱唱

1. 学唱曲谱。（纠正唱错之处。）
2. 学唱歌词。（歌词接龙。）
3. 唱会后，引导学生用自然的声音有表情地演唱。
4. 学生学习三拍子的舞步。（边唱边舞。）

（设计意图：1. 在听说中了解歌曲，会让学生更有学习兴趣。2. 在"作揖"中学习歌曲让学生印象更加深刻。3. 前面大量的铺垫让学生很容易就掌握歌曲演唱了。）

三、歌曲欣赏

1. 孩子们，你知道世界上最喜欢送礼物的人是谁吗？我们一起来看看他是谁。

（播放圣诞老人驾着雪橇在风雪中穿行的动画，配上歌曲《铃儿响叮当》。）

师生讨论：圣诞老人来做什么？（送礼物）有谁知道这首歌曲叫什么名字？《铃儿响叮当》，出示完整的一段歌词。

2. 这首歌曲可好听啦！我们一起来听听！（播放歌曲，出示歌词。）

3. 孩子们，圣诞老人说了，谁能唱出歌曲里的歌词，就可以收到小礼物！

师生跟音乐哼唱。（粗略唱会最后几句就可。）

4. 老师扮成圣诞老人，在唱得最好的学生面前停下，发一个圣诞帽，此学生带着圣诞帽，牵着老师衣角跟随老师移动到下一个学生面前。（歌曲循环播放，学生集体跟唱，师生形成一列火车在教室里穿行。）

（设计意图：1. 运用"角色表演"的方法能激发学生学习兴趣，加强学生对音乐的理解和记忆。2. 要求学生粗略唱会歌曲就可，学生对此歌曲不会陌生，所以跟唱一段难度不会大。3. 老师扮成圣诞老人发小礼物，能给孩子们带来惊喜，促进歌曲的更好学习。但此环节要因班级而定，很容易兴奋点太高，学生一放出去收不回来就不好了，而且要求教室里要有一定的空间来开火车。）

四、总结

1. 今天我们还欣赏了一首什么歌？它是几拍子的啊？

（要求学生记住歌曲的歌名。）

2. 今天我们学唱会了一首三拍子的歌曲，叫什么名字啊？

（引导学生根据节拍记住所学歌曲。）

3. 互赠贺卡：按老师教的舞步，走到好朋友身边，互相赠送做好的贺卡。

（播放《新年好》，引导孩子随老师一起随着音乐走出教室。）

（执教：深圳实验承翰学校　段蓉）

一年级的音乐课

第十五课《冬天的节日》

教案之二：

第一课时：

教学内容：

学唱歌曲《祝你圣诞快乐》。

教学目标：

1. 了解西方圣诞节和的节日，体验节日音乐的美感，感受节日的气氛。
2. 能用优美深情的声音准确演唱歌曲。
3. 培养学生的节奏感，唱好弱起小节。

教学重点与难点：

1. 通过欣赏和学唱歌曲感受西方节日文化。
2. 唱好弱起小节，能在老师的指挥下准确起唱。

教学过程：

一、导入

1. 今天，老师给小朋友们带来了一位老朋友，是谁呢？让我们听音乐，猜一猜。（播放《铃儿响叮当》。）
2. 你知道老朋友是谁吗？（在学生的回答中出示圣诞老人的画面。）
你知道这首歌曲的名字吗？（板书：《铃儿响叮当》。）

二、歌曲聆听

1. 这首歌曲好听吗？为什么？（引导学生感受歌曲的情绪。）
想一想，响叮当的铃儿是什么？（学生自由发言。）

传说，圣诞老人总是赶着挂着铃铛的麋鹿车去送礼物。

2. 介绍圣诞节

我们中国人在冬天有很多自己的传统节日，如腊八节、春节等。而每年的 12 月 25 日，就是西方人在冬天的传统节日——圣诞节。传说中每年 12 月 24 日的晚上，圣诞老人穿着红袍子，驾着驯鹿拉的雪橇，挨家挨户地从烟囱进入屋里给孩子们送礼物。这一天晚上，孩子们会在床头或者壁炉旁的圣诞树下放上一双袜子，好让圣诞老人偷偷地把礼物放进去。

在圣诞节期间，人们还要摆放圣诞树，为建筑进行彩灯装饰，使节日充满欢乐的气氛。圣诞树一般是用杉柏之类的常绿树做成，象征生命长存。圣诞之夜，人们在圣诞树下唱歌跳舞，尽情欢乐。全家人围坐在圣诞树下共进节日美餐。

3. 小朋友们也喜欢圣诞老爷爷吗？

那今天圣诞老人就送我们大家一首好听的歌，叫做《祝你圣诞快乐》。（板书歌名。）

（设计意图：通过聆听《铃儿响叮当》导入本课，感受节日的欢快气氛，并且进一步了解圣诞节相关的小常识。）

三、学习歌曲

1. 聆听歌曲，歌曲的速度是怎样的？学生做律动感受各句。

第 1 句双手 5｜1 双手叉腰，第 2 句 6｜2 双手拍肩，第 3 句 5｜3 双手举过头，最后一句双手从腰间两侧往前打开，注意弱起小节强弱。

2. 播放歌曲，鼓励学生现场模拟圣诞节的场景。

假如今天是圣诞节，同学们你们会做什么呢？送贺卡，收礼物。学生自由表达并现场模拟圣诞老人送礼物的情景。

（设计意图让学生说说了解圣诞节习俗，感受节日气氛和习俗，熟悉音乐。）

3. （出示歌词）请跟老师一起边拍节奏边读歌词。

先一个单词一个单词地读，然后带领学生朗读，再用教唱法和跟录音演唱歌曲，请同学们注意，每一个格子是一拍，红色的拍手，蓝色的拍腿。如果一个小格子里有两个字，就要在一拍中把两个字都读完。跟老师一起来试试。

X XXXX

（设计意图：让学生在读歌词中掌握节奏，熟练节奏 X XXXX。）

4. 聆听歌曲，并随歌曲拍手。

现在我们再来听一遍歌曲，这次请同学们边听边用刚才的方法为歌曲伴奏。

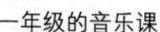

5. 跟老师学唱歌曲。

下面我们就来学唱，请学生跟着老师一起唱一唱。

细心观察歌谱中的换气符号，换气在歌唱中是十分重要的，歌唱中不能随便换气，要根据歌曲特点和情感的需要换气，认识换气记号"V"换气记号长小嘴。

6. 跟着范唱演唱，注意吐字要清晰。

7. 请同学们聆听歌曲，看老师的指挥手势。注意看歌曲的在老师什么动作的时候开始唱。

8. 看老师的指挥手势完整演唱歌曲。

（设计意图：让学生掌握节奏后，看指挥手势演唱歌曲，解决弱起小节的进入。）

9. 演唱歌曲，学生自己创编动作，要求：第1段动作要求慢、舒展、抒情的、柔美的；第2段动作要求随着音乐节奏欢快的扭动身体和舞动双手。

10. 举办一个圣诞化装舞会：老师扮演圣诞老人，带着孩子们在音乐中起舞。

四、小结

同学们，今天我们了解了西方人的节日——圣诞节，这个节日对西方人来说，就像我们中国人的春节一样重要。我们还学习了好听的歌曲《祝你圣诞快乐》，你们学会了吗。把这首祝福的歌曲唱给你的爸爸妈妈听。现在让我们在音乐声中结束今天的音乐课吧。

第二课时：

教学内容：

1. 学唱歌曲《新年好》。
2. 欣赏乐曲《平安夜》。

教学目标：

1. 学唱歌曲《新年好》。
2. 介绍一些西方新年的知识，了解西方新年的一些节日风俗。

教学重点与难点：

通过欣赏和学唱歌曲感受西方节日文化。

教学过程：

一、导入

播放音乐，说说学生过年有那些什么习俗？说各自家乡过年的习俗。放鞭炮、舞龙、逛花街。介绍一些西方国家的新年风俗，了解与我国节日文化的不同。

（设计意图：通过身边事物引发学生兴趣。）

二、新授《新年好》

1. 拍一拍，读一读，按照歌词的节奏边读边互相做问候的动作，注意体现三拍子的拍律，把握好重音。X X X｜X X X X

2. 聆听歌曲做动作

（1）聆听歌曲《新年好》，学生按照3/4拍的"强、弱、弱"规律做拍手和拍腿的动作。（第一拍：拍手；后两拍：拍腿。）

（2）分组创编其他动作。

再次聆听歌曲《新年好》，学生听音乐练习自己创编的动作。

3. 分组展示

（1）每组学生随音乐作简单律动，其他学生观看并演唱歌曲。

（2）表演结束后师生共同评价。

4. 随音乐跟唱歌曲，用自然的声音有表情的演唱，找出唱错的句子及时纠正。

5. 听听玩玩，模拟过年的情景，分别扮演西方不同国家的小朋友在新年见面时的场景，在表演中一边打招呼一边相互说过年的祝福语。

（设计意图：歌曲简单，让学生参与游戏活动，会丰富歌曲内容。）

三、欣赏《平安夜》

1. 播放歌曲作为背景音乐，介绍平安夜的故事和一些风俗。

（设计意图：让学生了解风俗民情和认识故事的内容。）

2. 再听歌曲，想象自己睡着了，在梦中静静的等待圣诞老人送礼物的场景，学生随音乐轻轻的晃动身体，感受音乐所表现的宁静气氛以及安静祥和的美感。

3. 听听，回忆本学期学过的哪些歌曲是抒情优美的？如《雁群飞》。

4. 听听，动动，播放歌曲学生随音乐律动，在音乐中体会意境，进行审美体验，再将学生分组分别体验，比比哪一组做的好，更加投入地感受和体验音乐。

（设计意图：把握好音乐的韵律感，以及三拍子和二拍子的不同。可以选几个优秀的学生带领大家一起做，面向全体学生，又注重个性发展。）

四、小结

这节课你了解到了哪些节日的信息？能分享一下你的收获吗？

（执教：深圳市龙岗区南芳学校　陈剑）

第十六课《春天的节日》

第一课时：

教学内容：

1. 学习歌曲《行花街》。
2. 了解中国传统节日的习俗。

教学目标：

1. 情感态度及价值观目标：通过学习活动了解广东人民过年的风俗民情，体验行花街愉悦的情感，初步激发学生热爱岭南音乐文化。
2. 过程与方法目标：运用奥尔夫教学法，创设音乐情景，将歌唱与器乐结合的学习方式，通过趣味性的唱游和分小组学习、评价活动，引导学生感受音乐、唱出歌曲的美。

 一年级的音乐课

3. 知识与技能目标：在音乐游戏中感受广东童谣《行花街》的情绪、速度、及音乐风格，在自由学习的过程中进一步唱出、表现歌曲的美。

教学重点：

用自然优美的声音及方言广州话演唱歌曲《行花街》。

教学难点：

歌曲中装饰音的演唱以及广州话的学习。

教学过程：

一、导入

1. 律动引入

播放广东童谣《点虫虫》跟着老师一起做动作。根据歌词的意思，点这样，点那里，飞上天，飞落地，转圈，坐下来食果果……

2. 做完动作老师介绍，我们刚刚听了一首有些听不懂歌词的歌曲，这是一首广东童谣，接下来，老师要带大家去"行花街"。

（设计意图：通过一边聆听广东童谣一边律动的形式，让学生一下子进入粤文化的特色以及放松身体，提高注意力。）

二、感受歌曲《行花街》

（一）欣赏花市，感受文化

1. 一边观看深圳花市的视频，感受《行花街》。

让学生完整的欣赏歌曲，并问学生：你看到了什么？（很多花，很多人。）介绍可以介绍这是深圳一年一度的迎春花市，每到农历新年的前五天，在深圳的主要街道上，就会搭起彩桥，筑起花盆，花市里头人山人海，繁花似锦。

（设计意图：首先让深圳的花市及音乐强有力的冲击学生的脑海中，感受深圳地方的独特文化。）

2. 老师给大家带来一份礼物，放录音范唱。

老师一边范唱，一边做律动，教师可以设计与歌曲内容的相符的动作，如"逛花街"踏步走起来，"呢多红花鲜"手指指到一边，"个多黄花大"手指指到那边……

3. 提问你听完之后的心情（开心、激动。）

（设计意图：让学生通过情景律动的方式感受到"逛花街"的乐趣。）

4.点题——《行花街》，这是一首由广州话和普通话结合起来演唱的具有广州地方特色的歌曲，它的名字叫做"行花街"。

（二）欣赏歌曲、感知情绪

1.欣赏全曲，学生根据歌词的意思做自己喜欢做的动作。老师这个时候观察哪个孩子的动作做得最漂亮。

让学生通过情景律动的方式感受到"逛花街"的乐趣。

2.教师观察学生并请动作做得最漂亮的同学上台示范动作，老师范唱学生做动作，可以一句歌词请一个学生。

3.再次欣赏全曲，教师请全体学生为歌曲创编动作。可以模仿同学创编的动作，也可以做自己喜欢的动作。

4.第三次欣赏全曲，教师总结学生创编的经典动作，并依次用范唱教学生如何律动。

5.第四次欣赏全曲，师生共同用三种不同律动动作表现乐句。

（设计意图：让学生在反复聆听歌曲的过程中、创编动作中，不知不觉地感受歌曲的情绪及感知歌曲的三个乐句。）

三、体验歌曲《行花街》

（一）语言对比游戏学习方言

老师引用木偶做教具，并出示木偶，用拟人的手法介绍木偶，并让木偶先生来向大家用广东话问好"你好"。

1.用"木偶先生"和手势辅助学生学唱广州方言

（1）年仨晚，行花街（2）妈妈笑，爸爸喜（3）睇唔晒（4）拣唔晒

老师可以通过运用手势的高低来表示粤语声调的高低，更加容易学习粤语，并多次教授语言中纠正学生的语音语调，教授正确后跟着老师唱歌词。

2.解释广州方言的意思

广州方言	普通话
（1）年仨晚，行花街	年三十晚、逛花市
（2）妈妈笑，爸爸喜	妈妈笑嘻嘻，爸爸喜洋洋
（3）睇唔晒	看不完
（4）拣唔晒	选不完

一年级的音乐课

（设计意图：运用奥尔夫教学法，引用木偶做教具，通过手势的高低表现广州地方语言的高低，旋律的高低，带动学生浅显而易懂的掌握广州方言的歌唱，学生在形象的音乐游戏中能够兴致高涨，从而轻而易举地解决本课的知识难点。）

（二）学唱歌曲《行花街》

1. 聆听全曲

（1）让学生找出老师刚刚教授的粤语，并尝试把它（那句歌词）唱出来。及时鼓励学生并纠正学生的语音语调。通过找出粤语歌词，复习粤语及学唱粤语的歌词。

（2）老师小结这是一首由广东话和普通话结合的民谣。

（3）学生试着跟琴演唱歌曲的第一段，老师观察学生的易错点。

（4）学生跟琴哼唱"lu"解决音准和气息问题。

（5）老师提问学生第一段歌词中最喜欢哪一句，并把它（歌词）唱出来。在演唱中老师及时纠正音准问题。

2. 学唱歌曲第一段第一句

（1）学生站着演唱第一段的第一句，课已过半，提高一年级学生的注意力。

（2）老师出示"木偶先生"让"木偶先生"教授第一段的第一句歌词。提高学生学习歌曲的积极性。

（3）老师出示双响筒，让双响筒辅助学习歌曲的第一段的第一句歌词，稳定歌曲节奏。

（4）请若干学生一边演奏双响筒一边演唱歌曲的第一段的第一句歌词，并强调音准、音量等歌唱问题。

3. 学唱歌曲第二段第二句

（1）老师询问同学有没有喜欢第二句的同学，让他把这句唱一唱。

（2）请所有喜欢第二句的同学站起来，一起来唱唱第二句，注意学生演唱的过程中不断纠正音准、气息、音量等问题。

（3）全体同学跟琴学唱第二句歌词。

（4）老师出示小鼓，让小鼓加入到歌曲的演唱中。

（5）再请一位同学（共两名同学）一起来击鼓为歌曲第二句伴奏，其他学生跟唱。

4. 学唱歌曲第一段第三句

（1）老师询问同学有没有喜欢第三句的同学，让他把这句唱一唱。

（2）请所有喜欢第三句的同学站起来，一起来唱唱第二句，注意学生演唱的过程中不断纠正音准、气息、音量等问题。

（3）全体同学跟琴学唱第三句歌词。

（4）出示带有各式各样花朵的歌曲伴奏，问学生都看到了什么花？

（5）老师引导把对鲜花的热爱投入到歌曲的演唱中"黄花大呀，红花鲜……"

（6）老师出示乐器镲，一边敲击镲让学生一边歌唱歌曲第三句。

（7）学生跟随琴声一起演唱第三句。

5. 完整演唱歌曲第一段

（1）师生一边演唱一边加入动作。

（2）再次演唱歌曲，老师引导学生用正确的坐姿和轻声歌唱。

6. 学唱歌曲第二段

（1）老师按节奏带读歌曲第二段歌词。

（2）学生随伴奏一起演唱歌曲的第二段。

（3）再次演唱歌曲的第二段，老师不断纠正学生出现的演唱问题。

7. 完整演唱全曲

（1）加入乐器组（小鼓、镲、双响筒）随音乐演唱歌曲。

（2）再次演唱歌曲，老师引导学生不要只顾敲击乐器忘了歌声。

（设计意图：通过小组学习、交流、汇报、评价等方式促进生生交流、师生交流，有效体现学生的学习自主性，从而引导学生唱出歌曲的美。）

四、综合表现《行花街》

1. 创设情境逛花街。老师为每一位学生发一束鲜花。
2. 表现歌曲《行花街》。师生拿着鲜花演唱歌曲。
3. 教师小结。

（设计意图：为学生创设深圳花市的情景，让学生在音乐与情境的结合中进一步感受、体验岭南地区逛花市的这一春节习俗。）

（执教：深圳市龙岗区外国语学校　黄裕迪）

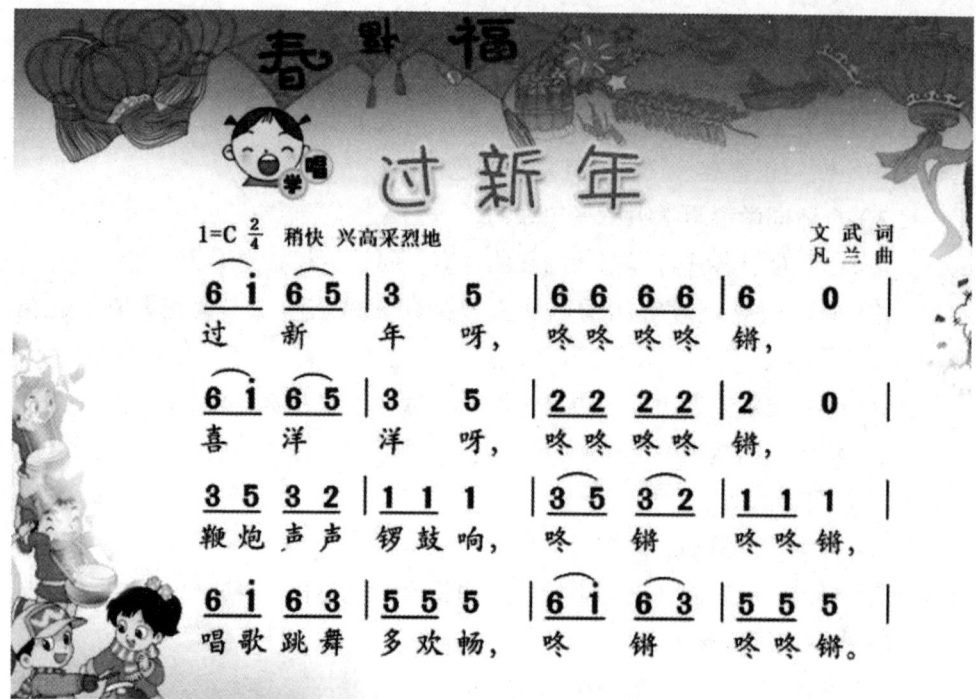

第二课时：

教学内容：

1. 能听辨并拍出钹、鼓的节奏。
2. 学唱歌曲《过新年》并进行创编活动。

教学目标：

1. 知识目标：学唱歌曲《过新年》，认识钹、鼓两种乐器。
2. 情感目标：能听辨出钹、鼓音色的不同音色，在老师设置的情境中感受音乐。
3. 能力目标：在歌曲表演唱活动中，当唱到"咚"、"锵"的歌词时，能用奏钹、打鼓、扭秧歌的形式为之合奏。

教学重难点：

1. 学会歌曲《过新年》，特别注意容易出错的旋律。
2. 感知钹、鼓两种乐器的音色。

教学过程：

一、导入

1. 出示钹、鼓两种乐器，听听它们的音色。
2. 让学生试着敲击乐器，探索演奏方法，敲出不同的节奏。
3. 引导学生思考，这两种乐器的音响效果，带给我们什么样的感受？
4. 从而引导学生感受、联想春节节日的气氛。
5. 最后引出本课主题《过新年》。

（设计意图：借着同学们对两种乐器的好奇，通过让学生感知音色、对比音色，探索演奏方法的方式，营造学习气氛，引出《过新年》。）

二、初步感受歌曲

1. 听听、说说

初听乐曲，听后说说感受：听到什么？看到什么？让学生各抒己见，发挥他们的想象力。

2. 听听、奏奏：复听乐曲，找出乐曲中出现的锣鼓声，用乐器模仿一下。

出示 3 条节奏型：a）2/4 X XX X | X 0 ‖
　　　　　　　　　　　咚 咚咚咚 锵

　　　　　　　　　b）2/4 X　X | X X X ‖
　　　　　　　　　　　咚　锵　咚咚锵

　　　　　　　　　c）2/4 X　X | XX 0 | X X | X 0 ‖
　　　　　　　　　　　咚　咚　咚锵　咚咚　锵

（设计意图：通过反复的聆听《过新年》，引出的三条重要节奏，引导学生在情境中学习。）

三、歌曲学唱

1. 读一读

教师出示节奏图形谱，播放音乐伴奏。教师有节奏的朗读图中黑色字体的歌词，歌词中出现红色的地方由学生来朗读。

2. 哼一哼

教师出示旋律图形谱，教师演唱黑色字体的旋律，学生跟着钢琴演唱红色

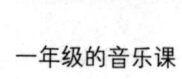

的旋律，可边唱边用手划出旋律的大概音高。

重点：引导学生掌握第二句的后半句，re 比较难掌握。（可借助手号）

3. 唱一唱

完整跟着钢琴演唱旋律，提醒学生第三句和第四句的前半句和后半句是一样的旋律。

难点：引导学生掌握最后两句旋律。

4. 竞一竞

教师出示演唱分布图，先将全班分为两组，以问答的方式演唱。一组演唱歌词部分，一组演唱咚、锵的歌词。

5. 奏一奏、舞一舞

将全班同学分成三组，一组同学敲鼓，一组同学敲钹，一组扭秧歌，歌词的部分只需演唱，当唱到"咚"、"锵"的歌词时，再做动作。

（设计意图：A、学生边唱边跳，让学生更深入的感受春节的欢乐气氛。B、培养学生团结互助的品质，互相搭配。）

四、扩展延伸 体验创新

让学生利用课后的时间查查资料，了解国外的小朋友是怎么过春节？

五、小结

唱着欢乐的歌曲走出教室。

（执教：深圳市龙岗区东升学校　庄婷婷）

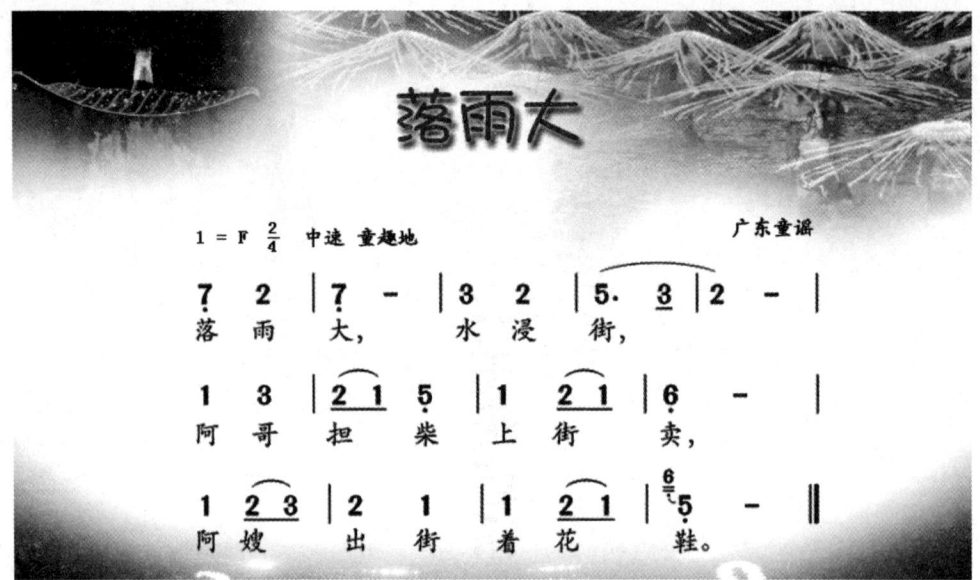

第一课《童谣新唱》

教案之一：

第一课时：

教学内容：

1. 学唱歌曲《落雨大》。
2. 感受广东童谣的风格特点。

教学目标：

1. 知识与技能：（1）学习用广东粤语演唱歌曲《落雨大》，用欢快甜美的歌曲表现歌曲的童趣。（2）用不同的力度、速度表现雨声，通过变化的节奏为歌曲伴奏，使歌曲表现力更丰富、更富有感染力。

2. 过程与方法：（1）采用聆听、模唱、师生互动等方式，引导学生通过活动的参与用欢快甜美的歌声演唱歌曲。（2）引导学生自主探究，探索用打击乐器或者生活用品表现雨声、风声、雷声等自然现象，培养学生的音乐表现力及创造力。

3.情感态度与价值观：（1）通过歌曲《落雨大》的学习，感受在雨中玩耍的欢乐，用歌曲表现儿童的生活情趣。（2）通过对广东歌曲的学习，体验广东儿童的生活，丰富学生的音乐视野。

教学重难点：

1.用欢快活泼的声音表达歌曲内容，体验歌曲中的生活情趣。

2.感受广东粤语童谣的旋律特点，把握歌曲情绪，用粤语 b 有表情地演唱歌曲。

教学过程：

一、童谣激趣导入

1.教师用响板伴奏以"数白榄"的形式读童谣，让孩子们初步感受。

（师：同学们，今天老师给大家带来一首童谣，你们听听，这首童谣来自哪里？你们知道它的意思吗？它的读法有什么特点呢？）

（师：这首童谣，来自我国广东粤语地区。表现了广州市老城区尤其是西关地区，由于当时大部分城区排水设施不好，在雨天时，瓦屋、窄巷、街道被大水浸淹的景象。）

2.教师介绍童谣的"数白榄"形式，并带领学生以这种形式来读童谣。（如果班上有同学会读，可以让学生带读。）

（师：我刚才有节奏地用粤语来读童谣的方法，是广东曲艺的一种形式，叫数白榄。你们想学吗？）

落雨大，水浸街，阿哥担柴上街卖，阿嫂出街着花鞋。

（设计意图：读童谣是小朋友很喜欢的一种游戏方式，在导入中通过"听童谣"、"说童谣"、"读童谣"和"拍童谣"的方式，激发学生的学习兴趣，并在拍、读过程中引导学生学会粤语的发音，为后面的学唱做好铺垫。）

二、学唱歌曲

1.听听说说：初听歌曲，说一说老师范唱的歌曲与我们刚刚读的童谣有什么关系呢。

2.听听排排：再听歌曲，出示四张图片，请同学们根据歌词排顺序。

一年级的音乐课

（设计意图：一年级的孩子活泼好动、以形象思维为主，通过听歌词给图片排序的方式能吸引孩子的目光，促进学生对歌曲的直观感知，加深对歌曲的记忆和理解。通过排序，潜移默化的为学生在后面的完整演唱环节中乐句怎样换气做了铺垫。）

3. 听听找找：边听旋律边看歌谱，找找歌谱中有哪些音，由低到高排排序，并跟琴唱一唱。

5 6 7 1 2 3

4. 听听唱唱：随范唱轻声哼唱歌词。

（设计意图：音乐是聆听的艺术，通过多样的聆听，循序渐进地引导学生对歌曲的逐步学习，并培养学生的聆听能力。）

5. 根据学习情况，选出优秀孩子以"小老师"的角色带领其他同学学唱。

（师：同学们的小耳朵真灵敏，为了奖励大家，我们来玩一个"争当小老师"的游戏，请大家随范唱轻声跟唱，我们选出学得最认真、唱得最准确的同学，请你来做小老师带大家唱。）

6. 多种形式演唱，如师生接唱、小组轮唱、角色扮演表演唱等。（这一环节充分听取小朋友的建议来进行。）

（师：同学们，你们的自学能力太强了，歌声非常动听。李老师也想和你们一起唱，你们欢迎吗？大家想想，我们还可以用哪些方式来演唱呢？）

（设计意图：新课程提出，学生是学习的主人，在学唱环节中通过"争当小老师"、多种形式演唱的方式，孩子们在师生合作、生生合作的中不断地对歌曲熟悉，既能够巩固教学，又能够激起大家学习的欲望，更能够锻炼学生与人合作的能力，激发学生在多样的活动中主动学习、快乐歌唱。）

三、表现歌曲

1. 教师以两种不同情绪演唱歌曲，（开心、无表情），请同学们根据歌曲意思，说说该用什么样的情绪演唱。为什么？

2. 完整演唱。

四、创造表现

1. 看看说说：观看视频第16届亚运会开幕式陈思同演唱的《落雨大》，请同学们说两者的区别。

2. 变变唱唱：在歌曲中加入强弱变化记号，体验歌曲的不同感觉。

（师：同学们，我们刚刚欣赏的《落雨大》由于做了一些细微的改变，使古老的童谣散发着时代的新意。今天，老师也带来一些新朋友，你们认识吗？我们邀请它们加入到歌曲中，唱一唱，感受一下歌曲有什么新的变化。）

3. 玩玩唱唱：创编雨境。

出示图形谱，教师指挥引导学生探索运用打击乐器、生活用品来即兴创编雨境。

风吹物体的声音 小雨 大雨 暴雨 闪电 雷声 雨声、风声从弱到强再从强到弱。

雨声：沙锤、双响筒；风声：串铃、纸片；闪电：镲；雷声：鼓、纸箱。

（师：同学们，咱们广东是个多雨的地方，每当下雨时会除了有雨水的沙沙声，还有什么声音呢？你能用这些打击乐器来模仿这些声音吗？）

（设计意图：新课标指出要"强调音乐实践，鼓励音乐创造"，本环节通过引导学生探索自然的声音，也让学生大胆地去想象、创编，运用嗓音、生活用品或打击乐器来表现生活中的意境，培养学生的表现力、创造力。）

五、教学拓展

聆听客家民歌《落水天》，比较异同。

一年级的音乐课

（设计意图：通过两首广东歌谣的对比聆听，丰富学生的音乐视野，培养学生的音乐审美能力。）

六、下课

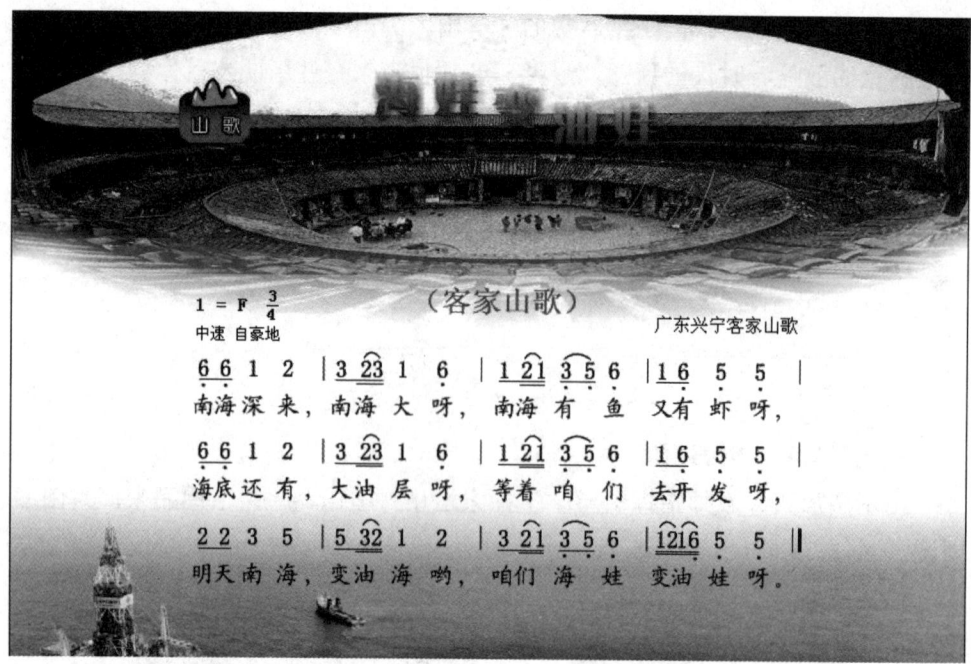

第二课时：

教学内容：

1. 学唱由客家童谣改编的歌曲《海娃变油娃》。
2. 感受两种主要节奏型。
3. 对学生进行爱国主义思想教育。

教学目标：

1. 知识与技能：（1）通过歌曲学习，能用自豪的完整演唱歌曲。（2）学会用数字舞蹈表现歌曲，使歌曲表现力更丰富、更富有感染力。

2. 过程与方法：（1）通过聆听、模唱、律动、游戏等方式，引导学生通过活动的参与以自豪的情绪表现歌曲。（2）在师生合作与生生合作中获得技能，培养情感。

3. 情感态度与价值观：（1）通过歌曲《海娃变油娃》的学习，感受客家童谣风格。（2）通过对南海的图片欣赏，了解国家的富强繁荣，激发爱国主义情感。

教学重难点：

1. 能准确自然的演唱歌曲，体验歌曲情感。
2. 用数字舞蹈表现歌曲。

教学过程：

一、"数字舞蹈"导入

1. 以《海娃变油娃》的旋律为背景，教师跳"数字舞蹈"。

（师：同学们，你们看过数字跳舞吗？今天老师给大家带来一段"数字跳舞"，想看吗？掌声告诉我。请大家边欣赏边找出舞蹈中有那几个数字？）

数字舞蹈：阿拉伯数字"1""2"，中文书写数字"一"。

2. 引导学生模仿教师的分解动作。

（师：有意思吧，想学吗？）

3. 随伴奏音乐，师生一起跳"数字舞蹈"。

（设计意图：一年级孩子身体灵巧，活泼好动，善于模仿。用"数字舞蹈"导入，激发了孩子的好奇心和学习兴趣。让孩子们以轻松愉快的心情投入到后面的学习中。）

二、学唱歌曲

1. 打打手号唱音符

（师：同学们的舞姿真优美，现在让我们坐下来休息一下，大家看看黑板上的这几个音符，你们认识吗？来，让我们边打手号边跟琴唱一唱。）

5̣ 6̣ 1 2 3 5

（设计意图：通过打手号唱音符，能让学生了解歌曲中的基本音符，同时手号能帮助学生稳定音准。）

2. 明明白白分乐句

（师：同学们唱得真好，你们知道吗？我们"数字舞蹈"的旋律就是由这

几个小音符组成的。为了奖励大家,我们来玩一个明明白白分乐句的游戏,老师唱"数字舞蹈"的旋律,请你们观察老师的呼吸,看看歌曲分为几个乐句。)

板书:6个乐句

$\underline{6\ 6}\ 1\ 2\ |\ \underline{3\ 2}\underline{3}\ 1\ 6\ |\ \underline{1\ 2}\underline{1}\ \underline{3\ 5}\ 6\ |\ \underline{1\ 6}\ 5\ 5\ |$

$\underline{6\ 6}\ 1\ 2\ |\ \underline{3\ 2}\underline{3}\ 1\ 6\ |\ \underline{1\ 2}\underline{1}\ \underline{3\ 5}\ 6\ |\ \underline{1\ 6}\ 5\ 5\ |$

$\underline{2\ 2}\ 3\ 5\ |\ \underline{5\ 3}\underline{2}\ 1\ 2\ |\ \underline{3\ 2}\underline{1}\ \underline{3\ 5}\ 6\ |\ \underline{1\ 2}\underline{1\ 6}\ 5\ 5\ |$

3. 唱唱旋律找特点

(师:大家的小眼睛真厉害,乐句都分对了。我们一起来轻声唱唱,看谁能找出它的特点?)

旋律特点:一二和三四乐句重复。

4. 比比图形知结构

(师:让我们再次跟伴奏轻声唱旋律(这里视班级情况来定,如果能力达不到就用"LU"来唱),看看乐曲结构可以用以下哪个图例来表示。)

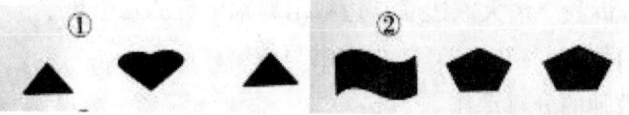

(设计意图:通过听听、看看、唱唱、比比等方式让学生以形象和抽象相结合的方式体验音乐,在多样的活动参与中潜移默化的掌握音乐知识。)

5. 听听歌曲填歌词

(师:勤劳智慧的客家人民将这段旋律填上了词,变成了一首客家童谣。让我们来欣赏一下,并请同学们边听歌曲便把下面的歌词补充完整。)

南海(　　)来南海(　　)呀,南海有(　　)又有(　　)呀,海底还有(　　)呀,等着咱们(　　)呀。明天南海变油海哟,咱们海娃变(　　)呀。

(设计意图:通过活动让学生找出歌曲的关键词,以便在后面的学唱中记忆歌词。)

6. 数字舞蹈读歌词

引导学生用律动数字舞蹈便又节奏地读歌词。

7. 跟着范唱唱歌词

(有了前面的铺垫,学生能很快唱会歌曲,注意提醒一字多音的地方。)

8. 师生游戏来互动

师生接龙,快乐歌唱(孩子们很喜欢和老师合作,在歌唱中有时会兴奋得出现喊唱现象,老师要关注孩子,提醒孩子们轻声歌唱。)

(设计意图:新课程指出,音乐具有不具像性,要让孩子在多样的实践活动中感受音乐、体验音乐。在歌曲学唱中采用"填歌词"、"读歌词"、"唱歌词"和"师生互动"等环节,让孩子们在主动参与中感受音乐带来的快乐并获得能力。

三、表现歌曲

1. 以歌曲为背景音乐,观看关于南海的图片,请同学们谈感受。说说歌曲表达了什么感情?我们应该以什么样的情感来演唱这首歌呢?谁能示范一下。

情绪:自豪的。

2. 演唱处理:出示两个力度记号"f"、"ff",请同学们加入歌曲中,唱一唱。

3. 加入打击乐器演唱。

(设计意图:通过以上环节,激发学生的爱国主义情感,并能有感情的演唱歌曲。)

四、拓展延伸

观看客家方言演唱和合唱版《海娃变油娃》,感受不同的音乐风格。

(设计意图:通过多种演唱形式的欣赏,开阔学生的音乐视野,激发学生对民族音乐的热爱之情。)

五、小结下课

(执教:深圳市龙岗区中海怡翠学校 李敏)

一年级的音乐课

第一课《童谣新唱》

教案之二：

第一课时：

教学内容：

1. 学唱歌曲《落雨大》。
2. 感受广东童谣的风格特点。

教学目标：

1. 在听唱或观赏歌舞表演活动中，让学生模仿老师或录音、视频中的音响与动作，边表演边歌唱广东童谣《落雨大》。
2. 能用粤语和舞蹈动作边表演边演唱歌曲《落雨大》。

教学重难点：

1. 能用粤语和舞蹈动作边表演边演唱歌曲《落雨大》。
2. 的学习，培养学生的音乐兴趣。引导学生喜欢民谣、儿歌。
3. 歌曲中的"上、出、着"粤语的准确发音。

教学过程：

教学环节	教师活动	学生活动	设计意图
一、导入	1.同学们好！欢迎大家来到今天的音乐课堂。 2.引导学生运用生活用品、嗓音来即兴创编模拟生活中的各种声音。	设计学生律动，让学生先情绪活跃起来。 在老师的引导下模仿自然界的各种声响： 雨声：弹舌，敲击杯底。 风吹物体的声音：发"沙沙"，摩擦纸。 雷声：敲打纸皮箱。	提高学生学习的兴趣，因为兴趣是最好的老师。低年级的学生好动，注意力不太集中，通过活动，玩游戏模拟雨声、闪电会提高学生的学习热情。

154

(续表)

	3.老师指导学生运用乐器或嗓音来模仿小雨到大雨再到暴雨的声音,看看有什么样的变化。从声音上的音量变化来做处理,即从弱到强,从速度的变化来处理,即从慢到快,老师出示下雨、闪电、乌云,落雨大的图片来直观的体会落雨大的情境。	落雨情景模拟。	了解力度、速度在歌曲中的表现作用。
二、新歌教唱	1.通过情境导入歌曲《落雨大》。	表现出歌曲中渐强与渐弱的效果。	初步感受歌曲中的力度变化。
	2.教会几句广东粤语歌词。"落雨大,水浸街,担柴上街卖,着花鞋"。	学生学习落雨大中的"数白榄"形式读词带来的诙谐的感觉。	分析歌曲的风格,感受歌曲的情绪,方言词对歌曲的作用,有趣,好听。
	3.结合五幅图画教唱歌曲《落雨大》。①下大雨的情景。②水浸街的画面。③阿哥担柴上街卖。④阿嫂出街着花鞋。⑤小朋友雨中玩耍。	通过情景表演,了解5幅图画的情景在音乐中的表现。	情景表演有助于学生对歌曲的理解。
	4.用简单的动作表演配合歌曲,使学生更好地理解歌曲。	在老师引导下加入律动。	通过动作领略歌曲的情感,培养学生的乐感。
	5.跟琴视唱歌曲旋律。	学生用多种形式演唱,如:分组唱,表演唱。	低年段是建立孩子音准的基础阶段。把歌曲的音准,节奏唱好,准确把握歌曲表达的情感。
三、激趣创编	广东是个多雨水的地方,我们来听听雨的声音。你想用什么样的节奏表现大、中、小雨的声音呢? 1.教师有意识地引导学生分别表现出大、中、小三种雨声,在歌曲的乐句之间加入节奏,使歌曲更生动。	在教师引导中表现不同的力度与速度。	音乐要素的初步接触。
	2.引导学生进行创编活动。	让三位同学做小组长带领全班分成三组分别表现雨的声音,组成一首雨的交响曲。	培养学生的实践创新能力,学以致用。
	3.引导学生把创编的节奏进行整合。	为歌曲伴奏,引导学生充分表现出歌曲的童趣和生活情趣。	以学生为主体的课堂教学模式,调动学生的积极主动性。

（续表）

四、拓展	1. 全班分为角色表演、演唱、节奏模仿三大部分进行表演，让每一个学生都参与到表演中，把课堂推向高潮。 2、观看2010年广州亚运会开幕式视频。	学生表演。 观看视频。	再次演唱歌曲，巩固音准节奏。把握歌曲情感。 了解这首童谣的社会地位。
五、课堂小结	1. 今天的课就要结束了，能跟大家说说你在这节课上的收获吗？ 2. 看样子，同学们在这节课上都收获了不少知识。同学们能用广东方言演唱歌曲《落雨大》，课堂上极大的激发了学生的学习兴趣，培养了学生对广东童谣的热爱之情，对于歌曲的难点歌词的准确发音，同学们在多次的练习中也能准确掌握。	讨论，自由发言，谈谈歌曲学习的收获。	对整节课做一个梳理回顾，帮学生加深对知识掌握的印象。

（执教：深圳市龙岗区科城实验学校　王晓明）

第二课时：

教学内容：

1. 学唱由客家童谣改编的歌曲《海娃变油娃》。
2. 感受两种主要节奏型。
3. 对学生进行爱国主义思想教育。

教学目标：

1. 唱好歌曲《海娃变油娃》，注意其中两种主要节奏型的演唱。
2. 在情感上让学生了解南海（中国南海）有着丰富的资源，是我国固有领土的一部分。

教学重难点：

1. 能完整地背唱歌曲《海娃变油娃》。
2. 歌曲中连音线下的几个音圆滑准确的演唱。

教学过程：

教学环节	教师活动	学生活动	设计意图
一、新课导入：听听、填填	播放新学的歌曲，让学生边听歌曲，边把以下不完整的歌词补充完整，以便于学生快速记住歌词。 南海（深）来南海（大）呀，南海有（鱼）又有（虾）呀，海底还有（大油层）呀，等着咱们（去开发）呀。明天南海变（油海）哟，咱们海娃变（油娃）呀。	学生聆听音乐，完成歌曲填词。	能帮助学生快速记住歌词。加强学生课堂的专注力。 提前对歌曲旋律进行熟悉。
二、歌曲学唱	1. 听听、动动 听歌曲，跟随老师做律动。根据歌曲的结构，前面两个乐句完全相同，可设计相同的动作；第三乐句是前面乐句的四度音程模进，可设计不同的动作。	学生做动作，编动作。用肢体语言表达歌曲内容。	低年段孩子天生好动，开展律动充分调动学生的天性，让他们动起来。参与到音乐中来。
	2. 听听、议议、排排 听歌曲，为以下的歌曲片段重新排序。 （1）2 2 3 5 ｜……｜……｜ （2）6 6 1 2 ｜……｜……｜ （3）6 6 1 2 ｜……｜……｜	为听到的歌曲排序。	训练学生听觉的敏锐。
	3. 听听、拍拍 听歌曲，学生跟老师做指挥的动作或拍手来感受歌曲的节拍律动。若采用拍手的话，第一拍是强拍、第二、三拍较弱，可选择用食指、中指一起点另一只手的手心，或拈指。	学生聆听音乐，动手拍节奏。	通过多次聆听，让学生基本熟悉歌曲旋律，歌曲学唱做好准备。
	4. 听听、唱唱、找找 跟录音或老师的范唱轻轻哼唱歌曲，把歌谱中出现的音找出来，再用"lu"哼唱一下该歌曲的五声音阶：1、2、3、5、6。	学生跟唱歌曲旋律，感受歌曲美感，把歌曲音准、节奏唱准。学生如果唱不准的情况下先用"噜"小声哼唱。	低年段孩子音准会容易跑调，反复跟唱旋律，巩固音准节奏。
	5. 接龙唱 师生轮唱、男女声轮唱、分小组轮唱。这首歌可以每小节轮唱交替进行。	分组唱，小组轮唱。	不断巩固音准节奏。

(续表)

	6.演唱表现提示 老师引导学生用正确方法去吸气，要注意换气的地方以及歌曲的力度变化。	学生在唱准唱熟练的情况下，引导学生注意歌曲的气息，力度的变化。正确把握歌曲的情感。有感情的演唱歌曲。	
三、歌曲创编	教师教学生学跳数字1、2舞蹈，学会后边唱歌曲边演唱歌曲《海娃变油娃》。	活动拓展。	培养学生的实践创新能力，创编动作来表现歌曲情感内容。
四、课堂小结	本堂课学习了歌曲《海娃变油娃》是广东兴宁客家山歌，在情感上学生能够把歌曲的味道唱出来，同学们知道南海（南中国海）有着丰富的资源，是我国固有领土的一部分。		

（执教：深圳市龙岗区科城实验学校　王晓明）

第二课《感知音的高低（三）》

教案之一：

第一课时：

教学内容：

1. 复习巩固 mi、sol、la 3 个音的手号，学会 do 的手号，并能自己打着手号，或者看老师的手号唱出相应的音高。
2. 学唱歌曲《小铃铛》。

教学目标：

1. 知识目标：认识新的音符朋友 do，并能唱准音高，打好手号。
2. 情感目标：通过蹲下站立的游戏感知音的高低，能够用自然、轻快的声音演唱歌曲。

3. 能力目标：能够自己打着手号或者看老师的手号唱出 do、mi、sol、la 的相应音高。

教学重难点：

1. 感知音的高低、唱准、并能做相应的手号。
2. 唱准歌曲结尾句的 do。

教学过程：

一、激趣导入

1. 今天老师带来了你们的好朋友，你们看看还认识吗？
（出示 la 的卡片，音条敲出音高，学生跟老师一起演唱并做手号。）
2. 老师敲击 mi 的音高，学生模唱并做手号。
3. 老师做手号学生唱唱名，复习 mi sol la 三个音。
4. 师生一起演唱歌曲《左手和右手》的歌谱，巩固 mi sol la 三个音，老师指到谁就做相应音高的手号。

（设计意图：此环节设计的目的是帮助学生巩固复习学习过的 3（mi）、5（sol）、6（la）三个音，通过游戏可以使小朋友提高学习兴趣，乐于参与教学环节。）

二、新课教学

（一）认识新朋友

1. 老师演唱歌曲《小铃铛》的第 1 句旋律，请听一听旋律里出现了哪个新的"音符朋友"？

　　1=C　2/4

　13 13 | 5 — | 5353 | 1 — |

2. 学习 do 的手号。

3. 老师出示歌谱，聆听并模唱。

　　1=C 2/4

　　1 — | 3 — | 5 — | 5 — | 3 — | 1 — ||

4. 师生一起模唱，并做手号。

（二）学唱歌谱

1. 老师提示学生用这三个音创作一条旋律，必须用八分音符。（复习什么是八分音符。）

如：1133| 5533 | 55 33 | 1 11 1 |……

2. 老师也带来了一条旋律，你们听听，看看好不好听？

3. 学生跟老师一起用填空的方式学唱这句旋律。（老师唱第一小节，第二小节做手号学生填音，以此类推。）

4. 放慢速度，边唱边做手号。

5. 师生接龙演唱第一句旋律。（师上行，生下行或反之。）

6. 学生完整演唱第一乐句，每一小节第一个音做手号。

7. 完整演唱第一句，每小节第一个音做手号，请三个学生分别在音条上敲击三个音。

8. 老师演唱第二句，学生每一小节第一个音做手号。

1=C 2/4

1353 | 1353 | 3 3 |1 - |

9. 老师敲音条，提醒学生要把音唱准。

10. 师生接龙演唱第二句。（这几个音要单独练习，直到唱准"3 3 | 1 - |"。）

11. 完整演唱歌曲《小铃铛》的歌谱，在长音"do"的地方学生蹲下来。

（设计意图：通过各种方法让体验、感受"do、mi、sol"三个音的音高概念，并对三个音的音符高低位置有所了解。1. 通过手号学习对三个音的音高位置有所了解。2. 通过学生自己创作，加深对三个音的印象，为后面歌曲学习做铺垫。3. 通过师生接龙演唱发现问题，及时纠正（3 3 | 1—|| ）。）

（三）学唱歌曲

1. 老师弹琴，学生自己加入歌词演唱歌曲。（对歌唱声音要有要求，"轻、柔、美"不能喊唱，没唱好的乐句单独练习。）

2. 完整演唱歌曲，并在每一小节的第一个音做手号。

3. 老师范唱两种，一种轻快活泼，一种连贯悠长，学生分析两种唱法的区别并选择一种适合歌曲情绪的演唱方法。（引导学生八分音符的地方可以唱的轻快活泼一些。）

三、创作实践

（一）一起玩乐器

1. 老师拿出碰铃，请学生思考怎样为歌曲伴奏。（每小节第一个音演奏"X—"。）

2. 老师拿出木鱼，请学生为歌曲伴奏。（每拍一下"X X"。）

3. 师生一起演唱歌曲，请部分同学乐器伴奏。

引导学生聆听小乐器合作的效果，让他们认识到：小乐器的使用并不是越多越好，而是根据情感需要选择合适的乐器，提醒学生保持稳定的节拍感来演奏。

（二）表现歌曲

全班学生分成三组，一组学生演奏碰铃，一组学生演奏木鱼，一组学生演唱并做手号（每小节第一个音）。

（三）自我评价

说说自己或者其他同学的表现，表现好的表现表扬，表现不完美的下节课继续努力。

（设计意图：1. 加入乐器，大大提高学生的学习兴趣和参与热情。2. 充分发挥评价机制，引导学生自我评价，互相评价，使得自己不断进步更快提高。）

（执教：深圳市龙岗区实验学校　吴西影）

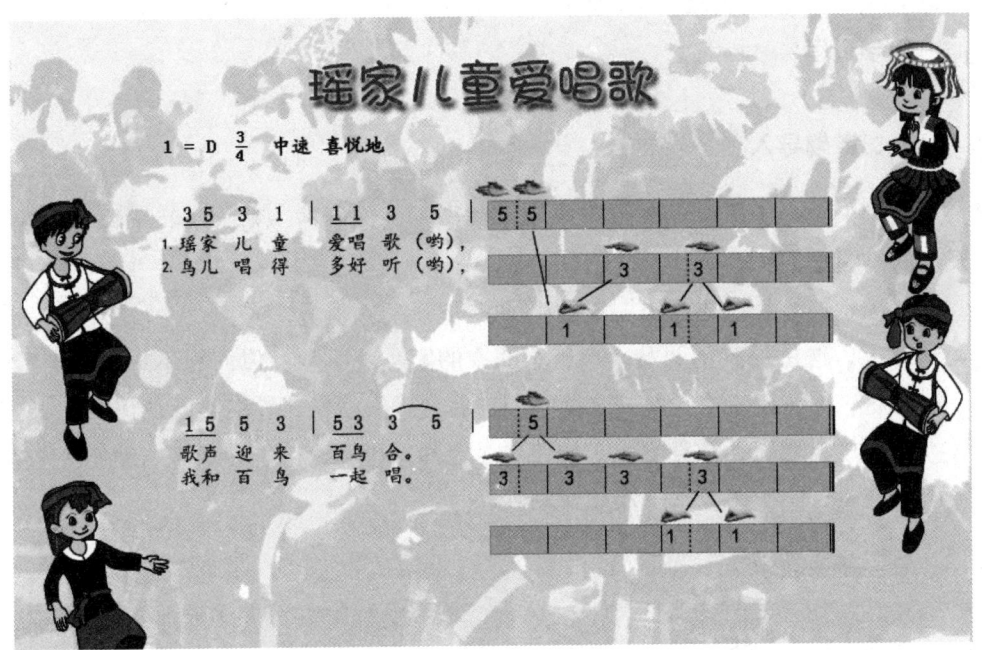

第二课时：

教学内容：

1. 复习巩固 do、mi、sol、la 4 个音的手号，并能自己打着手号，或者看老师的手号唱出相应的音高。

2. 学唱歌曲《瑶家儿童多快乐》。

教学目标：

1. 知识目标：能够用优美的声音有感情的唱好歌曲。

2. 情感目标：通过身体律动、乐器演奏等不同方式展示、表现歌曲。

3. 能力目标：唱准歌曲、打好手号，并能根据歌曲的情绪、节拍找到合适的伴奏音型。

教学重难点：

1. 感知音的高低，唱准、并能做相应的手号。

2. 感受三拍子的强弱对比，唱好歌曲一字多音的连线部分。

一年级的音乐课

教学过程：

一、激趣导入

同学们，今天老师给你们带来了一些图片，你们猜一猜这是我国哪个少数民族的小朋友？

（出示幻灯片：瑶族小朋友的生活。）

对了，这是瑶族小朋友。瑶族小朋友的家乡美不美？你们想不想跟着老师一起开启一段瑶族之旅呢？去之前我们先要会接头暗号，看谁学的最快。

（播放《瑶家儿童爱唱歌》的伴奏，老师做律动，拍手和踏步的动作。）

听伴奏，学生跟老师一起做律动。

二、新课教学

（一）视唱歌谱

1. 这个接头暗号我们学会了，现在可以和瑶族的小朋友一起开始音乐之旅了。瞧，他们已经热情的在村寨门口等我们了，我们和他们一起问好吧。

播放歌曲伴奏，师生一起用刚才的舞蹈动作律动。

（设计意图：再次聆听熟悉歌曲旋律，并通过律动掌握三拍子强－弱－弱的节拍规律，设计强拍拍手，弱拍原地轻轻踏步，引导学生感受三拍子歌曲的节拍。）

2. 我们刚才听到这段音乐就是瑶族小朋友非常喜欢的一首歌曲，它的名字叫《瑶家儿童爱唱歌》。

3. 听歌曲，想想这首歌曲应该用什么样的情绪来演唱？

（欢快、喜悦。）

4. 放慢速度弹奏钢琴，学生跟琴演唱歌谱。

5. 老师扮演瑶家儿童（戴上帽子），我们一起接龙演唱歌谱。

师唱 3/4　3 5　3 1｜1 1　3 5｜　　生唱 5 5　1 3｜1 3　1 －‖

6. 接龙演唱，学生唱好音准并做手号。

7. 学唱歌曲第二乐句。

"瑶家儿童"唱前两小节，学生唱后两小节。

师唱 3/4　1 5　5 3｜5 3　3 5｜　　生唱 3/4　3 5　3 3｜1 3　1－｜

8. 学生加入手号演唱。（根据学生实际情况可放慢速度。）

9. 完整接龙演唱歌谱，并做手号。

10. 师生接龙演唱。给学生发帽子扮演瑶家儿童，并演唱瑶家儿童的乐句，老师演唱并做手号。

（设计意图：扮演角色提高学生的学习兴趣，通过反复练习使学生熟悉旋律，唱准常熟旋律，并掌握手号。）

（二）学唱歌曲

1. 看到你们，瑶家儿童非常开心，他们要通过创编歌词来介绍自己，我们一起来听一听歌曲唱了些什么？（播放歌曲范唱，听后学生自己总结。）

2. 我们来和一群爱唱歌的瑶家儿童一起演唱吧。（加入歌词演唱歌曲。）

3. 重点练习难唱的一句，可放慢速度加入手号来演唱。

3/4 1 5 5 3 | 5 3 3 ⌢ 5 |

歌声迎来百鸟合，

我和百鸟一起唱。

4. 完整的演唱歌曲。

5. 老师听到了一些"瑶家儿童"唱的特别好，我们请这些小朋友给我们领唱吧。（找出几个唱得好的学生领唱，其他人齐唱，歌谱标注领唱部分和齐唱部分，播放伴奏，一起合作演唱歌曲。）

6. 换另外几个人戴上帽子来领唱，其他同学唱合唱部分。

（提示学生演唱时不要过分喊叫，面带微笑，声音连贯自然，强调每一小节的强拍。）

7. 同学们唱的很好，瑶族小朋友拿出了一件他们民族自己的乐器送给你们，知道叫什么名字吗？它的名字叫长鼓。（拿出长鼓，可以让学生摸一摸,看一看。）

（三）表现歌曲

1. 现在请同学们用长鼓为歌曲伴奏，谁可以试一试？（可以让学生尝试拍几种节奏型,最后找到好听的适合乐器演奏的,提示学生在强拍的地方加入长鼓）

2. 除了长鼓老师还带来了一件长音乐器——三角铁，谁来试一试，敲一敲？（提示学生每小节敲一下，并提示演奏方法。）

3. 全班分成两组，一组学生领唱一组学生齐唱，请两个节奏感好的学生用乐器伴奏。

长鼓 X O O | X O O | X O O | X O O :‖

三角铁 X — — | X — — | X — — | X — — : ‖

4. 听到你们美妙的歌声和小小演奏家的乐器伴奏，老师也想跟你们一起演奏了。听听老师用音条巧了哪些音？（再次播放伴奏，学生演唱加乐器伴奏。）

5. 老师刚才演奏的什么音，你听到了吗？（每一小节的第一个音，）谁来试一试。

长鼓 X O O | X O O | X O O | X O O : ‖

三角铁 X — — | X — — | X — — | X — — : ‖

音条 3 — — | 1 — — | 5 — — | 1 — — | 1 — — | 5 — — | 3 — — | 1 — — ‖

6. 请学生试一试演奏音条。

7. 老师发现好多同学非常认真，一直非常投入的演唱歌曲，老师现在要奖励他们一起玩乐器。（放歌曲伴奏，每种乐器多加入几个同学演奏，没拿乐器的同学演唱歌曲。）

8. 还记得我们跟瑶族小朋友的接头暗号吗？（复习之前的律动。）

9. 将学生分为五组，三组学生演奏三种乐器，一组学生律动表演。

（设计意图：通过变换不同方式的展示，使学生对作品记忆更深刻，通过玩乐器，使学生能够学会聆听，学会相互之间的配合协作。）

（四）总结

1. 今天我们学习了哪个民族的歌曲？

2. 这个民族有一个自己的乐器，叫什么名字？（长鼓。）

3. 今天的音乐之旅结束了，我们一起跟瑶族小朋友说再见吧！

（播放音乐，引导孩子随老师一起律动离开教室。）

（执教：深圳市龙岗区实验学校　吴西影）

第二课《感知音的高低（三）》

教案之二：

第二课时：

教学内容：

1. 复习巩固 1、3、5 三个音符的音准及手号，学唱歌曲《瑶家儿童爱唱歌》。
2. 了解这首歌的旋律由"1、3、5"三个音组成，感受三拍子节奏的动感，及歌曲中节拍和音型组合的变化给"1、3、5"三个音赋予极强的音乐风格和表现力。

教学目标：

1. 情感目标：通过学习，感受瑶族民歌的特点，引发学生对瑶族音乐文化的兴趣，了解瑶族的民俗民风，培养学生对家乡和生活的热爱之情。
2. 能力目标：让学生在唱、演、跳等活动和游戏中体验和探究音乐的魅力，引导学生积极参与学习活动。
3. 知识目标：用优美的声音、愉快地演唱歌曲，感受歌曲欢乐的情绪。通过学唱歌曲，复习巩固"1、3、5"三个音的音高概念并参与歌舞表演。

教学重难点：

重点：用优美的声音愉快地演唱歌曲和律动，巩固"1、3、5"三个音的音高概念，感受三拍子节奏的韵律。

难点：唱准"1、3、5"三个音。

一年级的音乐课

教学过程:

一、创设情境,游戏导入

(一)节奏训练

1.同学们,有一条节奏,聪明的你们能跟着老师拍读出来吗?

X X X X ｜ X X X X ｜ X X X X ｜ X X X - ‖

小朋 友哟｜去瑶 寨哟｜我们 大家｜真开心 - ‖(学生模仿老师拍读)

2.同学们模仿得真好,哪个机灵的小耳朵听出了我们今天要去哪里呢?(板书:瑶寨。)

3.瑶寨就是瑶族人居住的村子,你看,瑶寨多美丽啊!瑶族是一个能歌善舞的民族,他们特别喜爱唱歌,每逢节日或喜庆,他们都要唱起嘹亮的歌谣,今天,老师要和同学们到瑶寨一起学习一首好听的歌曲《瑶家儿童爱唱歌》。

(设计意图:和歌曲节奏一致的节奏练习不仅让学生们明确了本课学习目标,也巧妙地让孩子们轻松愉快地掌握了歌曲的基本节奏,富有瑶族风情的音乐和图片让孩子们对瑶族的风土人情有了直观的了解,巧妙的导入设计激发了孩子们的兴趣,增强了孩子们学习的积极性,为学习歌曲做了良好的铺垫。)

(二)音高训练

1.要学好这首歌啊,我们要先把我们学过的三个音符"do、mi、sol"牢牢记住并唱好。看!三只可爱的音符小鸟飞出来瑶寨来欢迎我们了!你们能叫出他们的名字吗?(出示写有"do、mi、sol"三个音符的小鸟。)

2.音符小鸟说,你仅仅能叫出我们的名字是不够的,还要把我们的音高唱准,并用相应的手号表示出来。那现在我们就跟着三只小鸟一起唱唱吧!

3.教师用琴带领学生唱准"do、mi、sol"这三个音。

(带领学生将"do、mi、sol"这三个音由低唱到高,再由高唱到低。教师随时提示学生注意音准,并打出相应的手号。)

4.师生互动游戏:听音边唱边作相应的手号,巩固复习"1、3、5"三个音的音高概念:

(1)师打手号生边唱边做。

(2)生打手号师边唱边做。

由单音→两个音→一个小节→两个小节层层递进,渐渐加大学习难度,通过聆听→模唱→再次聆听→再次哼唱的反复过程，引导学生唱出"1、3、5"三个音符的音高并打出相应的手号，能唱出由三个音符组成的简短乐句。

5. 你能将这三只小鸟送回家吗？

（根据音的高低将三只小鸟送回相应的地方。）师：三只可爱的音符小鸟住在瑶寨的一棵大树上，音最高的小鸟住得最高，音最低的小鸟住得最低，你们能把他们送回家吗？

（设计意图：通过本环节的教学，解决本课的教学难点，即音高音准的把握、唱准"1、3、5"三个音。通过复习巩固"do、mi、sol"的手号，让学生能自己打着手号或者看老师的手号唱出相应的音高，从而达到进一步巩固三个音的音高概念的目的。根据一年级学生的年龄特点，教师运用生动的语言铺设了一个有趣的教学情境，以可爱的音符小鸟作为教学引导，以游戏的形式带领和引导孩子们不断地进行音高训练。可爱的音符小鸟、有趣的游戏、优美的音乐、良好的互动，有趣的导入能激发学生极大的兴趣，点燃学习的激情，为以下环节的学习做了很好的铺垫。）

二、学唱瑶族歌

1. 同学已经把"1、3、5"唱得非常准了，音符小鸟说，同学们真棒！请快到瑶寨来做客吧，相信你们一定会把这首由"1、3、5"组成的好听的歌《瑶家儿童爱唱歌》唱得非常好的。是不是？好！先听老师来唱一遍吧！

2. 教师有表情地演唱歌曲。这首歌的名字叫做《瑶家儿童爱唱歌》，这是一首三拍子的歌曲，听起来非常有动感，老师刚才唱的时候，心情好极了！谁能用一个词语来形容好心情呢？（生……）是啊，就用喜悦的心情来演唱！现在我们就带着喜悦的心情，再来听听这首歌吧！

3. 再次聆听歌曲。聆听的时候啊，可要听仔细了，你也可以在心中跟着一起唱，等下我们来比比看，谁听一遍就能唱出来！

4. 跟琴演唱歌曲：你们会唱了吗？跟着老师的琴声一起来唱唱吧！

5. 师生接龙：同学们看！书本上有一张瑶族人民手拿长鼓、边唱边跳的照片，瑶族是一个能歌善舞的民族，再看看歌谱的第一句上面画了一个小朋友，代表的是一个人领唱，接下来的一句画了三个小朋友，代表的是所有人一起唱，这是瑶族人民非常喜爱的唱歌方式：一唱众和。现在我们也像他们一样，分工合作来演唱歌曲！

★师生接龙演唱。

★生生接龙演唱。

6. 师生合作，表演歌曲。

引导学生用优美的声音愉快地演唱歌曲，教师换上瑶族服装进行表演。

（设计意图：通过聆听、示范、模唱、对比、探究等方法充分发挥了学生在学习中的主动性和能动性，使学生在学习中轻松地掌握新的知识和技能；学生在反复多次的音乐实践活动中学会聆听音乐、表现音乐，充分感受歌曲三拍子节奏的韵律并进行情感处理；最后学生完整地演唱歌曲《瑶家儿童爱唱歌》时教师换上瑶族服装进行舞蹈表演，使教学自然过渡到下一个环节"学跳瑶族舞"。）

三、学跳瑶族舞

1. 刚才老师跳舞的动作你最喜欢哪一个？能学学吗？

想不想学瑶族舞蹈呀？那赶快站起来，我们一起来学学吧！

2. 谁愿意来表演呢？（个别同学表演。）

3. 全班表演。（我们一起边唱边加上动作，注意你的动作要合上音乐的节奏哦！）

（设计意图：通过表演活动，激发了学生表演欲望，孩子们积极地感受音乐和表现音乐，同时也体验到了合作学习的快乐和成功，教师在这一环节中给予学生及时的指导，恰当的评价和鼓励，注重面向全体、关注个性发展，极大地提高了学生的学习积极性，使学生达到学习的高潮！）

四、小结，谈谈收获

1. 这节课你有什么收获？（生……）

2. 教师小结：这节课我们学唱了一首好听的歌曲，学跳了好看的瑶族舞蹈，还和我们喜欢的三个好朋友"1、3、5"一起做了游戏，现在，我们就唱起好听的歌儿，跳起快乐的舞蹈，去美丽的瑶寨游玩吧！

（在歌舞中结束本课。）

（设计意图：和同伴分享学习的感受，再次体验音乐的魅力！）

（执教：深圳市龙岗区五联崇和学校　蒋俊）

第三课《十个小印第安人》

第一课时：

教学内容：

1. 学唱歌曲《十个小印第安人》。
2. 复习和巩固"do、mi、sol"3个音的手号与相对音高概念。

教学目标：

1. 知识目标：能根据音乐内容、节奏、情绪有感情地进行唱游活动。在活动中启迪学生的想象力和创造力。

2. 情感目标：通过唱游活动，融入人文知识的教学，拓宽孩子知识面。

3. 能力目标：掌握并运用"X XX"节奏型；用固定节奏型、拍手、拍脚为《十个小印第安人》伴唱。

一年级的音乐课

教学重难点：

1. 让学生在活动中身心得到愉悦，并能主动参与音乐学习。

2. 唱准歌曲中的"do、mi、sol"3个音，并背唱歌曲。

3. 让学生了解印第安民俗和文化特点、印第安小朋友活泼的性格并能把他们这种性格融入到唱游当中。

教学过程：

一、组织教学

1. 同学们，今天在上课之前我们在做个音乐小游戏，现在老师把全班分成3个组，分别命名为"do"" mi ""sol"。当老师弹到哪个音，请同学们听到自己的名字就起立打手号唱出那个音。

2. 老师打手号(《十个小印第安人》的第一句)，让学生按照所给手号唱出来。
1 11 1 11 3 55 3 1

（设计意图：通过音乐小游戏的方法既复习和巩固了已学的知识，也为本课的学习做了铺垫，歌曲的前两小节就是由这3个音组成的，也提高了学生的学习兴趣。）

二、导入新课

1. 同学们刚才玩的音乐游戏表现的很棒，为了奖励你们，陆老师决定带你们去一个很神秘、很好玩的地方，教师化装成印第安导游姐姐，带领学生一起欣赏图片聆听伴奏音乐，音乐结束后，学生戴上头饰坐定。（请学生回答我们来到了什么地方？）

师：欢迎你们来到印第安民族，我是你们的导游姐姐，今天跟大家共度愉快时光，希望你们能玩得开心。

师：同学们，印第安人为了欢迎你们的到来，给你们准备了这么多漂亮的头饰，还有一场精彩的歌舞晚会呢。你们想不想参加他们的歌舞晚会？

2. 提问，了解印第安民族民俗和文化。

师：作为导游，我首先想考考大家，你们对印第安民族有些什么了解呢？（点名学生回答。）图片展示，和学生一起了解印第安民俗和文化特点。

师：印第安人特别热情；小朋友活泼、天真；喜欢用一些羽毛做头饰；

喜欢用一些漂亮的项链和手环来装饰自己等等。下面我们一起去参加他们的活动吧！

（设计意图：以导游的身份和参加歌舞晚会的形式导入新课，能吸引学生的专注力，让学生对印第安民族有初步了解。）

三、学习歌曲

1. 感受晚会气氛。（出示图画。）

师：印第安人还有一个爱好，就是在劳动之余喜欢围着火堆来唱歌跳舞，现在我们一起去看看歌舞晚会的现场吧！看，大地一片热闹，红艳艳的柴火烧得正焰，他们围着火堆边唱边跳，看，现在上场的是一群印第安小朋友呢，快数数有几个？（一个，两个，三个，四个……啊，一共有十个呢。）小朋友们多快乐呀，快，我们来认真欣赏一下他们的舞蹈吧！

2. 播放课件，欣赏歌舞《十个小印第安人》。

师：我们印第安小朋友真是可爱极了。你们觉得他们唱的那首歌好听吗？想学吗？

3. 播放范唱音乐，学生感受音乐中的气氛。

提出要求：仔细听，听着这个音乐你想到了什么？想做什么？（学生举手回答。）

介绍歌曲：这是一首非常快乐的美国儿歌，表达了印第安人快乐的心情和他们活泼、天真的性格。

（设计意图：通过反复的听赏音乐，加深对歌曲旋律的巩固，对歌曲的学唱打下基础。）

4. 随音乐演唱歌曲。

① 跟琴学唱歌曲、接龙唱。（强调学生注意歌唱声音和歌曲情绪，让学生找出哪些句子唱得不够好，思考怎样唱才更好听。）

② 跟音乐边唱边做动作。（引导小组内互相帮助，教师指导。）

5. 完整演唱，用你们自己的动作和表情来表达出感情。（显示歌谱。）

① 师：好，我们再来听听，你们把你们刚才想到的和想做的做出来好吗？提醒学生拍手打节奏、拍腿跺脚打节奏或者自己设计动作或舞蹈。（每组选出两个带领其他同学律动。）

　　　　1 11 1 11 | 3 55 3　1 |……
　　拍手 0 × × 0 × × | 0 × × 0 × × |……

拍腿 x 0 x 0 | x 0 x 0 |……

（设计意图：通过多种形式的演唱方式，加深对歌曲的巩固，让学生能快速背唱歌曲。）

② 跟导游姐姐一起学印第安人跑跳步。

师：印第安的小朋友高兴的时候最喜欢跳跑跳步，跟导游姐姐一起来跳跳吧。

6. 学生跳房门的游戏。

师：大家学得真认真，为了奖励你们，导游姐姐想把印第安小朋友最喜欢玩的一个游戏教给你们。可是我先提两个要求：（1）游戏当中要注意安全。（2）讲秩序。我们印第安小朋友是很讲秩序的。

规则：每组把小板凳围成一个圈做房子，小朋友站在圈外律动，歌词出来时随着歌词里的数字一个个跳进房子，然后再一个个跳出来。

导游姐姐找一组的小朋友做示范，强调动作的优美，注意边游戏边唱歌。

（设计意图：一年级的孩子年龄小，比较好动，让孩子在玩中学，学中玩，边游戏边唱歌，调动了学生的积极性，能更好的掌握歌曲。）

7. 拓展与创编

师：同学们，你们跟印第安的小朋友一起玩得开心吗？那么你们还可以通过什么方式来表达你们开心的心情呢？

学生用打击乐器伴奏，创编舞蹈动作。（教师巡回指导。）

8. 汇报表演，选出最佳表演星。

9. 小结

导游姐姐选出两个印第安小记者，采访同学们来到印第安民族玩得是否开心，有些什么样的感想？（学生谈话。）

导游姐姐总结：同学们，你们今天的表现很不错，给印第安人留下了非常好的印象，特别是你们的小组合作精神导游姐姐感到很满意，欢迎你们下次再来玩，好吗？再见。

（执教：深圳市龙岗区康桥外国语学校　陆长香）

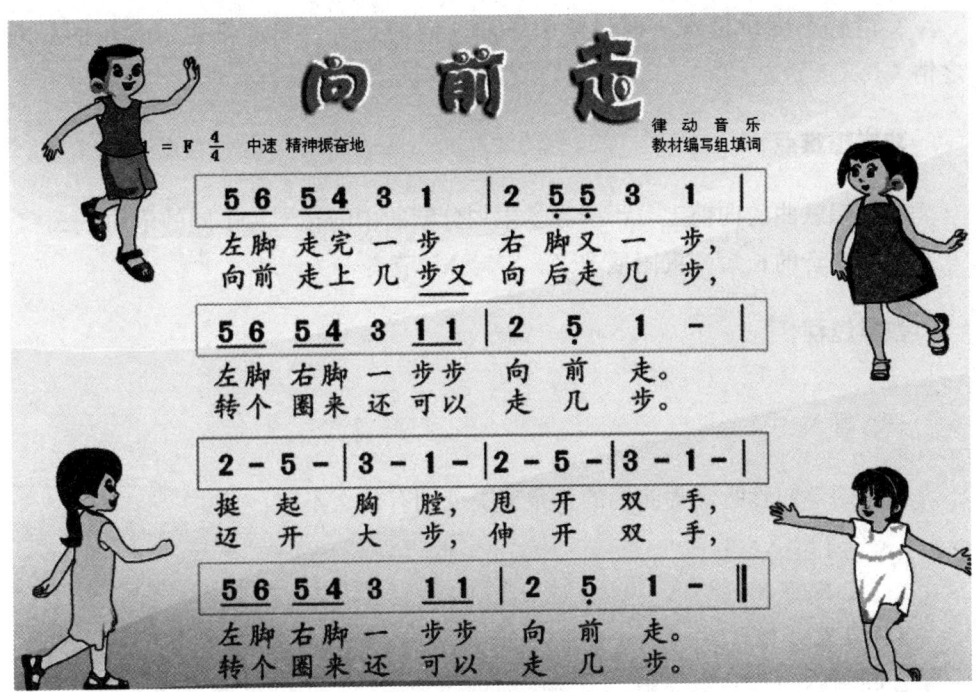

第四课《律动音乐：向前走》

教案之一：

第一课时：

教学内容：

1. 巩固复习 X、XX、X- 节奏，学习音乐知识"乐句"。
2. 学唱歌曲《向前走》并进行唱游活动。

教学目标：

1. 知识与技能：学唱歌曲《向前走》，巩固复习 X、XX、X- 节奏，学习音乐知识"乐句"。
2. 过程与方法：通过身体律动、聆听、模唱的引导，掌握歌曲的音乐要素，感受歌曲乐句间的特点。

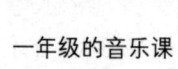

3. 情感态度价值观：通过学唱歌曲《向前走》，培养学生对音乐的喜爱之情。

教学重难点：

1. 学唱歌曲《向前走》，引导学生划分歌曲中的相同与不同的乐句。
2. 感知音的长短，巩固复习 X、XX、X– 节奏。

教学过程：

一、导入

1. 请同学们聆听老师演奏的三条节奏分别有什么不同？

XXXX ǀ XXXX ǁ

X Xǀ X Xǁ

X – ǀ X – ǁ

2. 同学们的耳朵真灵敏，节奏的时值越来越长。请同学们跟随老师一起来演奏。（逐条演奏，每条一遍。）

3. 老师对这三条节奏施了魔法，同学们请听听发生了什么变化：

XXXX X Xǀ X X X –ǁ

同学们听的真仔细，老师将三种节奏组合在了一起，请同学们来模仿刚才老师演奏节奏（反复多次练习，熟练掌握。）

4. 同学们的模仿能力真强，看来难不倒同学们，老师要加大难度，请同学们继续挑战：5654 3 1ǀ2 5 1 –ǁ（慢速逐渐到原速演唱。）这么欢快的旋律出现在我们今天学习的歌曲《向前走》中，出示课题。

（设计意图：通过聆听、模唱、模仿，同时通过教师的引导，感知音的长短，熟悉本课多次出现的乐句，引出课题。）

二、学习歌曲《向前走》

1. 老师想考验同学们耳朵是否灵敏，请同学们完整欣赏歌曲，听听我们刚才演唱的乐句在歌曲中一共出现了几次？（播放歌曲范唱。）

2. 同学们听的真仔细，一共出现了两次。（板书出示二四乐句。）请同学们听听老师唱的这一句有什么变化呢？（老师演唱第一乐句，让学生通过聆听找出与二四乐句的不同地方，学生找出后,老师出示第一乐句,并要求学生视唱。）

3.再次完整欣赏歌曲,请同学们聆听歌曲有几个句子组成?(在聆听的同时,老师踏步或者其他的身体律动,一、二、四乐句做相同的动作。学生观察后跟随老师随音乐再做一次。在熟练旋律的过程中,同时进行身体律动,让学生感受旋律的不同。)

4.同学们观察得真仔细,这首歌曲是由四个句子组成,在音乐中的句子我们称为:乐句。(此环节解决本课重难点:音乐中的句子称为乐句。)

5.同学们非常聪明,帮老师划分了歌曲,由四个乐句组成,老师想跟同学们合作,你们来唱一二四乐句,老师演唱第三乐句,演唱时请注意轻声演唱,腰背挺直脚踩地。(再次视唱歌谱,熟悉歌曲旋律。)

6.同学们的歌声真优美,跟老师的合作用两个字形容:完美。刚才在演唱的时候,老师发现,有的同学已经迫不及待的把第三乐句跟着老师一起演唱了出来。既然这样,请全体同学们跟琴用"la"轻声哼唱歌曲。(哼唱有助于全班同学统一音色。)

7.(旋律熟悉后)请同学们跟随范唱演唱歌词,找一找你觉得难唱的乐句。(找出困难乐句后及时解决并反复演唱。)

8.老师想听听同学们优美的歌声,请同学们与老师合作表演歌曲,老师做动作,同学们跟随伴奏背唱歌曲。(学生同多反复聆听歌曲,演唱歌曲已经对歌词非常熟悉,为了让学生参与到音乐律动中,背唱歌曲是必要的。)

9.同学们的歌声真是优美动听,请同学们来说说你还有什么不同的演唱形式来表现歌曲?(男生演唱,女生做动作或者全体同学一起边唱边做动作。)

10.同学们开动了你们的奇思妙想,老师想邀请同学们一起,边做动作边演唱。

(设计意图:通过聆听、感受、体验感受歌曲韵律,以循序渐进、潜移默化的方式熟悉旋律,解决本课重难点,以及解决歌曲难句,最后加入身体律动演唱歌曲。)

三、总结

请同学来跟大家分享,这节课你学到了什么?

1.复习巩固了 X、XX、X- 节奏。

2.学到了音乐中的句子叫乐句。

3.学会了歌曲《向前走》。

(执教:深圳市龙岗区花城小学　张锐)

第四课《律动音乐：向前走》

教案之二：

第一课时：

教学内容：

1.歌曲《向前走》是一首F大调、4/4拍的歌曲，具有进行曲的风格。歌曲由"X、XX、X−"3种节奏组成。它师教材编写组为学生了解乐句与感受节奏的意义专门编写的律动音乐。

2.学生做律动时，老师们要提醒或引导学生：设计律动不要只考虑表现歌词，或只做3种不同的动作，更要考虑律动要符合整个乐句的划分与情绪特点，即用律动来表现音乐中的重复与对比。

教学目标：

1.情感态度及价值观目标：培养同学之间互相协助精神。

2.过程与方法目标：运用奥尔夫教学法，创设音乐情景，将歌唱与器乐结合的学习方式，通过趣味性的唱游和分小组学习、评价活动，引导学生感受音乐、唱出歌曲的美。

3.知识与技能目标：唱会歌曲《向前走》，巩固和复习"X、XX、X—"节奏，学习音乐知识——乐句，并能用律动的方法表现这首歌曲中的重复与对比，即音乐的结构。

教学重难点：

1.学唱歌曲并划分歌曲中的相同与不同。

2.用律动来表现歌曲中的重复与对比。

教学过程：

一、律动导入

1. 听听、动动

学生随音乐节奏和老师一起踏步律动。（教师可以设计一些简单且符合一年级学生身心特点的动作，并且提醒学生踏步声音一定要非常轻。）

第一段歌词如"左脚走完一步右脚又一步"可以左脚往前迈一步，右脚再往前迈一步；"左脚右脚一步步向前走"可以按节奏踏步进行；"挺起胸膛，甩开双手"可以按照歌词意思挺起胸膛，左右手摆臂；"左脚右脚一步步向前走"与第二句的动作一致，为了更好的让学生感受歌曲的重复与对比。

2. 动动、想想

学生再次随音乐律动，注意节奏稳定、动作统一等。

（设计意图：通过奥尔夫体态律动，让学生初步感知歌曲。）

二、歌曲学唱

1. 听听、动动、想想

让学生跟老师在听到每句的句末后轻轻拍掌，或借助道具，在每句结束处做出反应。如：在每句句尾，甩一下丝带，或随着音乐的进行，左手抓住丝带的一头，右手捏住丝带，从左边划向右边；听到另一乐句时，做反向的动作。让学生思考歌曲由几个乐句构成。

（设计意图：通过道具辅助聆听音乐，让学生更容易直观的感受歌曲的结构。）

2. 听听、动动

（1）当听到第1、第2小节的旋律时，按音乐的节拍律动，手拍节拍，双脚原地踏步。

$$1=F \ \frac{4}{4}$$

$$\underline{56} \ \underline{54} \ 3 \ 1 \ | \ 2 \ \underline{\underset{\cdot\cdot}{55}} \ 3 \ 1 \ |$$

拍手，原地踏步：X X X X | X X X X |

（2）第3、第4小节的前6拍做重复的动作；在第7、第8拍的"1-false"处做立定的姿势，为下面的动作做准备。

$$1=F\ \frac{4}{4}$$

$$\underline{56}\ \underline{54}\ 3\ \underline{11}\ |\ 2\ \underline{\dot{5}}\ 1\ -\ |$$

拍手，原地踏步：X X X X｜X X X - ｜

（3）第5小节手臂向上举；第6小节手臂下垂，脚踩着节拍踏步向后走；第7、第8小节，脚踩节拍原地踏步，手位与第5、第6小节相同，加甩双手的动作。

$$1=F\ \frac{4}{4}\ 2\ -\ 5\ -\ |\ 3\ -\ 1\ -\ |\ 2\ -\ 5\ -\ |\ 3\ -\ 1\ -\ |$$

（原地踏步，加甩手的动作。）

（4）第9、第10小节的动作设计与第3、第4小节一样。

（设计意图：通过奥尔夫体态律动，让学生进一步感知歌曲。）

3. 听听、画画、找找

让学生听歌曲找出完全相同或基本相同的乐句，并在每句的前面画个记号。相同的乐句用相同的符号、不同的乐句用不同的符号表示。找出完全相同或基本相同的乐句，看看一共有多少句。

（设计意图：通过图示的方式，让学生更加直观感知歌曲中的重复与对比，即音乐的结构。）

4. 听听、唱唱

学生听录音或老师范唱，先默唱，然后再轻轻跟唱。

5. 接龙唱

进行接龙唱游戏前，老师教学生唱歌曲的第2、第4句，即

"$1=F\ \frac{4}{4}\ \underline{56}\ \underline{54}\ 3\ \underline{11}\ |\ 2\ \underline{\dot{5}}\ 1\ -\ \|$" 然后老师先唱，学生接龙。

（设计意图：通过接龙唱，加强学生对歌曲旋律的记忆，让学生更清晰地发现歌曲4个乐句的旋律特点。）

6. 编编、唱唱、动动

通过小组讨论，为歌曲创编动作。注意提醒学生完全相同或基本相同的乐句，设计相同的动作。讨论后，让学生以小组为单位，展示创编的成果。

7. 演唱处理提示

建议老师在教唱过程中，提醒学生第1、第2、第4句用结实、有力的声音

来演唱，第 3 句则可用连贯的市音来演唱，使歌曲在演唱中形成对比，从而更好地表达歌曲的情绪。以下为歌曲处理的建议：

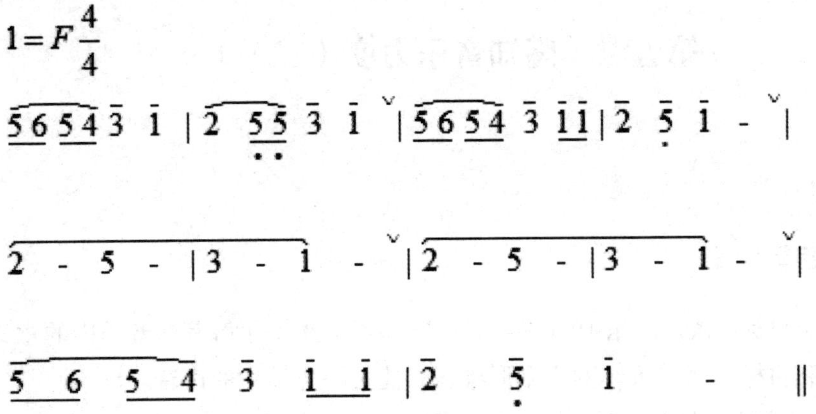

$1=F \dfrac{4}{4}$

（设计意图：通过演唱处理，使歌曲在演唱中形成对比，从而更好地表达歌曲的情绪。）

三、小结与评价

教师选择一首结构规整、带重复的 4 个乐句的音乐，让学生感受歌曲的乐句。最好选用学生学习过或非常熟悉的歌曲旋律。

（执教：深圳市龙岗区外国语学校 黄裕迪）

第五课《感知音乐力度（二）》

第一课时：

教学目标：

1. 知识目标：认识音乐中的"＜""＞"记号，了解其在音乐中的意义。
2. 情感目标：感受火车的音乐形象，并能关注生活中的声音。
3. 能力目标：在听唱歌曲《火车跑得快》时，能跟随录音在音乐中出现渐强和渐弱音响的地方做出正确的演唱。

教学重难点：

1. 感知力度记号并能在歌曲中运用。
2. 能随录音在音乐中出现渐强渐弱记号的地方做出正确的演唱。

教学过程：

一、导入

同学们，上课前我们先来做一个游戏！这个游戏的名字叫做听声寻宝，我先把今天的宝物藏在了某一位同学的课桌里，现在请一位同学来根据声音寻找这个宝物！其他同学唱"cha cha"来提示他，当他离宝物越近的时候，我们唱的声音就要逐渐增大，当他离宝物远的时候，我们唱的声音就要逐渐减小。谁想先来试一下？

（设计意图：一年级的孩子天真活泼，通过寓教于乐的方式吸引他们的注意力并引导他们对声音的强弱进行感知，为本节课的学习做铺垫。）

二、歌曲学习

1. 感知、模仿有力度变化的声音

玩完了游戏，今天，老师还要带大家坐上小火车去一个好玩的地方，听！

小火车向我们开来了！（教师用沙锤由弱渐强的模仿小火车进站的声音。）

4/4 ＸＸＸＸ｜ＸＸＸＸ｜ＸＸＸＸ｜ＸＸＸＸ‖

请大家跟老师一起来模仿小火车进站时候的声音。请大家边打拍子边用"cha cha"用由弱渐强的声音唱上面的节奏。

听！又传来了什么声音？（教师用钢琴弹奏。）

2/4 1 1 5 5｜1 1 5 5｜1 0 5 0｜1 —‖

请大家跟我一起来模仿小火车出站时候的声音，边打拍子边用"cha cha"用由强渐弱的声音唱上面的节奏。

（设计意图：通过聆听火车的声音，培养孩子对生活中声音的观察感知，为歌曲学习做铺垫。也能为渐强渐弱的学习做一个导入。）

2.感受歌曲旋律，认识力度记号

（1）聪明的小火车把我们刚刚学习的声音连在了一起，请同学们听一听，找找看，我们刚刚的小火车声音出现在哪里了？学习的地方在音乐的哪里出现了？

（2）请同学们再听一遍歌曲，然后告诉老师，小火车进站时和出站时的声音有什么不一样的地方？

（3）同学们真聪明！你们发现了，当小火车进站时声音是由小到大，由弱到强的，在音乐里面，我们称之为"渐强"记号（教师出示事先做好的图具。），而当火车出站的时候呢，声音是由大到小，由强到弱的，我们则称之为"渐弱"记号。

a. 观看《天天宝宝爱音乐》之渐强渐弱的视频。

b. 用"wu"的声音来试一下演唱渐强和渐弱记号。

（设计意图：通过观看和演唱"wu"来感受渐强、渐弱记号的运用，为歌曲中的渐强、渐弱记号的运用做铺垫。）

（4）展示乐谱，再听歌曲，请同学们找出乐谱中渐强、渐弱记号的符号，并把它圈出来。

（5）师生合作演唱。

请同学们演唱第一句和最后一句，教师演唱中间的部分。（学生演唱时要注意乐句中渐强、渐弱记号的运用，教师通过不停地示范，让学生边模仿边学会在歌曲中运用渐强、渐弱记号。）

（设计意图：巩固教学重点，学生掌握渐强渐弱记号的学习，并能在歌曲中运用。）

3. 学唱歌曲（加入歌词演唱歌曲）

（1）教师带领学生按节奏朗读歌词。

（2）教师讲解唱歌时声音向上扬。

在歌曲中你们听到小火车鸣笛的声音了吗？（教师展示乐句 5 - |5 - | 及图片）小火车汽笛声向天空上方发出，我们的声音也要传到头顶上，这样的声音才能传得比较远噢！大家一起来试一下。

（3）播放音乐，请学生跟随音乐一起演唱。

（4）教师用琴带学生演唱重难点乐句。

2/4 1 1 5 5|1 1 2 3|5 5 5 6|3 2 1 ‖

4. 完整演唱整首歌曲。

三、拓展

1. 将 4-6 个学生分成一个小组，进行乐器节奏训练。

双响筒：2/4 xxxx|xxxx|xxxx|xxxx|

沙　锤：2/4 xxxx|xxxx|xoxo|x - |

2. 熟练之后相邻两个组交换乐器进行节奏训练。

3. 请同学们完整演唱歌曲，每个乐器小组派出 1-2 名同学上讲台进行乐器伴奏，并在歌曲中间加入三角铁的节奏。

三角铁：2/4 x - |x - |x - |x - |

（设计意图：通过打击乐器的伴奏，让学生通过自己的思考和学习，把握不同打击乐器的节奏和音色，巩固力度变化的学习。）

四、总结

快乐的时光总是非常的短暂，一转眼，我们的音乐课堂又要走进尾声了，请大家坐上小火车一起来结束我们今天的课堂。

教师播放音乐，学生演唱＋乐器伴奏结束课堂。

（执教：深圳市龙岗区科技城外国语学校　刘怡诗）

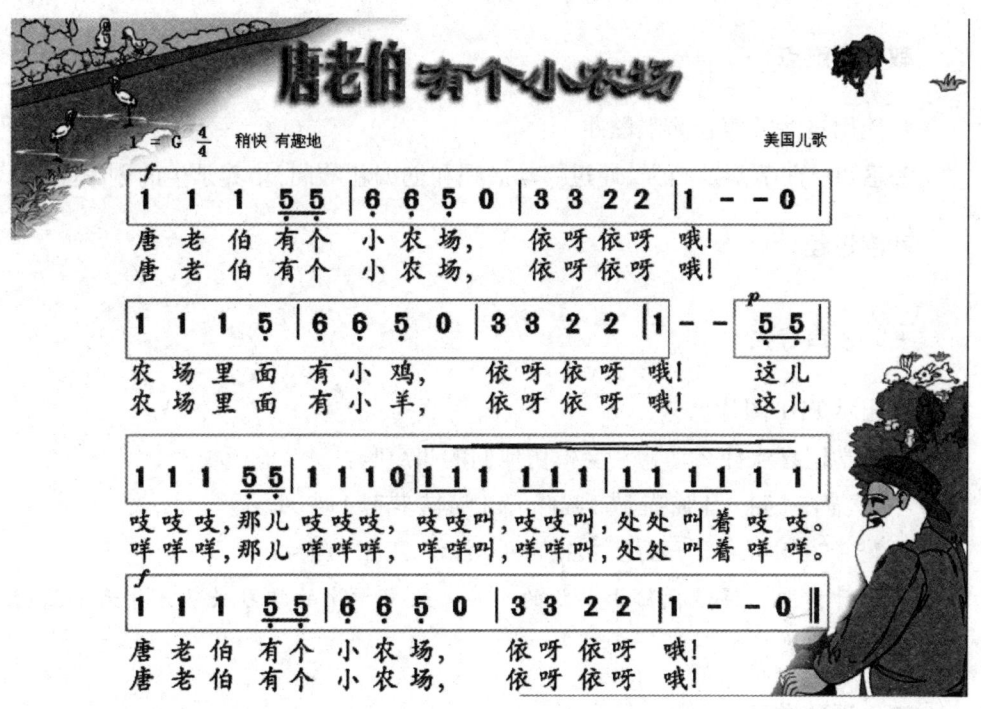

第六课《学唱中外童谣》

第一课时：

教学内容：

1. 学唱歌曲《唐老伯有个小农场》。
2. 创编不同节奏型，为歌曲伴奏。

教学目标：

知识目标：生动的演唱歌曲《唐老伯有个小农场》，能模拟歌曲创编动物新歌词。

情感目标：保护小动物，爱护大自然，懂得动物是我们人类的好朋友。

能力目标：能灵活运用小打击乐器为歌曲伴奏。

教学重难点：

1. 能用自然的声音演唱歌曲。

2. 感知歌曲节奏及渐强，通过律动演唱和创编新歌词，培养学生的创编能力。

教学过程：

一、发声导入

1. 出示 PPT 图片。

2. 同学们喜欢什么动物？会模仿他们的叫声吗？

小花 猫在 | 叫 - | 喵喵 喵 | 喵喵 喵 | 喵喵 喵喵 | 喵 - |

小花 狗在 | 叫 - | 汪汪 汪 | 汪汪 汪 | 汪汪 汪汪 | 汪 - |

（设计意图：通过模仿小动物的叫声，激发学生的学习兴趣，并为下面的节奏学习做铺垫。）

二、新歌学习

1. 今天老师要带同学们一起坐火车去郊游。（出示火车图片。）火车终于停下来了，原来是我们到站了（出示农场的图片。），看看我们来到了哪里？（板书：农场。）

2. 农场大门紧锁，这个大门是声控的，我们要把下面的节奏拍出来，并做发声练习，才能把大门打开。（出示节奏。）

4/4 X　X　X　X　｜ X — — ｜
　　 咿　呀　咿　呀　　 哟

3. 大门打开，可惜看到了一片枯黄的草地，把下面的节奏拍出来草地就会变成绿色。（出示节奏。）

4/4 X　X　X　XX ｜ X　X　X　0 ｜
　　 唐　老　伯　有个　　小　农　场

4. 农场变美丽之后，我们把下面的节奏拍出来，就能把小动物们请出来。（出示节奏。）

4/4 X X　X　XX　X ｜ XX　XX　X　X ｜
　　 吱吱　叫　吱吱　叫 ｜ 处处　叫着　吱　吱
　　 咩咩　叫　咩咩　叫 ｜ 处处　叫着　咩　咩

（设计意图：通过学习歌曲中的节奏型，学生能准确的读拍节奏，解决歌曲中的演唱难点。）

5. 通过大家的努力我们看见了美丽的农场，请听——

（1）欣赏视频，音画结合感受农场其乐融融的场景。

（2）出示课题《唐老伯有个小农场》。

6. 在这个农场里，你开心吗？请边听歌曲旋律边随老师一起做动作，用律动来表达开心的心情。

7. 听歌曲，找出歌曲旋律相同的地方。

8. 听歌曲，找出歌曲中出现"依呀依呀哦"的歌词有多少次。

9. 接龙唱。

（1）出现"依呀依呀哦"的歌词时，由学生唱，其余由老师来演唱。

（2）老师先唱，学生接唱下一句，交替进行。

（3）男女生接龙唱，学生分成两部分或四部分接龙唱。

10. 渐强练习。

A. 当唱到"这儿吱吱吱。那儿吱吱吱，处处叫着吱吱"时用"P～f"的渐强要求，唱出各种动物的神态。

B. 这儿一群小鸡，那儿一群小鸡，都跑过来了，所以声音越来越大。

（设计意图：通过用不同方式演唱歌曲，学生会有新鲜感，从而熟悉歌曲的旋律与歌词，达到学会歌曲，并能根据不同的力度有感情地演唱歌曲。）

11. 用打击乐器为歌曲伴奏。

分组表演，引导学生为歌曲选择适合的打击乐器伴奏。（出示固定节奏型。）

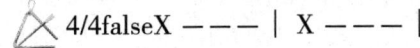

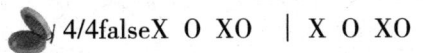

12. 跟随老师的琴声，我们把歌曲完整演唱一遍吧。（演唱过程中注意有没有需要解决的难点。）

（设计意图：让每位学生都能参与音乐的创作，感受和体验合作的快乐，并通过多遍聆听活动为歌曲学唱做铺垫，使得歌曲学唱变得简单。）

三、创编新歌词

唐老伯恭喜同学们学会了这首歌曲，你们唱的非常棒，你能找其它小动物们一起来我们的农场吗？

①同学们分成四个大组,创编一个动物歌词,用上小乐器并设计该动物特征的动作,边唱边跳,分组汇报表演。

②选几组最有特点色创编新词,集体唱一唱、跳一跳。

（设计意图：通过让学生创编,发挥学生的想象力和创造力。）

四、通过今天的学习你收获了什么？

五、小结

我们要向唐老伯学习,做一个有爱心的人,善待身边每一个人和事物。保护小动物,爱护大自然,下课。

（执教：深圳市龙岗区兴泰实验学校　罗珍梅）

第七课《感知节奏（一）》

教案之一：

第一课时：

教学内容：

1. 学唱歌曲《小毛驴》。
2. 学习新的节奏型"XXXX"。

教学目标：

1. 了解节奏的概念，并能够表现简单的节奏。
2. 能够用自然、轻快声音来演唱曲歌曲《小毛驴》，并能够为歌曲进行简单的伴奏。

一年级的音乐课

3. 通过学唱歌曲体验动物与人和谐相处所带来的快乐。

教学重难点：

1. 有感情地背唱歌曲《小毛驴》。
2. 能掌握歌曲中XXXX的节奏。

教学过程：

一、律动导入

1. 播放律动背景音乐，教师手拿一次性纸杯做律动。

（用不同的动作表现表现节奏型：XX 双击纸杯；X 摇一次纸杯；XXXX快速摇晃纸杯。）

2. 学生模仿老师做律动，感知音的节奏。

3. 新知识：长短音有规律地结合叫节奏。

师：我们将 XX　X　XXXX 我们刚刚学习的律动童谣这样组合起来就叫做节奏。

4. 认识 XXXX。

师：不同的节奏会有不同的名字，里面我们通常这样称呼它：

X X X X

Di li di li "哗啦哗啦" "叽叽喳喳"都是属于这个节奏型。

（设计意图：在课前让学生自己动手制作简单的打击乐，提高学生参与的积极性，再在课前进行学生喜欢的律动活动，让学生对音乐的节奏进行初步的学习。）

二、新课教学

1. 初听歌曲《小毛驴》，找出歌曲中十六分音符节奏的地方。

师：这节课我们学习一首与动物有关的歌曲《小毛驴》，请大家欣赏这首歌曲，并找到像律动中"呼啦哗啦"一下模仿声音的词。

生：咕噜咕噜。

2. 复听歌曲，并在歌曲"咕噜咕噜"的地方，用纸杯伴奏。

师：再次听歌曲《小毛驴》，在唱"咕噜咕噜"的地方，像律动童谣一样的动作，为歌曲伴奏。

3. 歌词节奏练习。

a. 老师有节奏的朗读歌词边并用自制沙锤伴奏。

b. 学生有节奏朗读歌词，老师用沙锤伴奏。

4. 学唱歌曲《小毛驴》。

（1）板书：3 3 3 3　3 3 | 2 2　3 2 | 1 — |

　　　　　　咕噜噜噜　噜我　摔了 一身　泥

引导学生用自然的声音轻巧的声音、微笑的状态来唱好此句歌词。

（设计意图：此句为本首歌曲的难点，在此处不动声色的解决难点，一是对导入所学习的节奏型有一个衔接，另外也是通过此句直观、幽默的歌词，让学生在后面的演唱中能够保持这种学习情绪。）

（2）跟钢琴逐句学唱歌曲。教授过程中引导学生运用正确的发生方法，养成良好的唱歌习惯。

（3）师生接龙唱歌曲。

（4）请个别学生唱歌曲，发现问题教师及时纠正。

三、为歌曲伴奏

XX 双击纸杯；X 摇一次纸杯；XXXX 快速摇晃纸杯。

教师在引导学生为歌曲伴奏时，逐句进行，强化学生对音乐节奏的认知。

（设计意图：在学生演唱歌曲掌握良好的情况下，进行节奏游戏的强化训练，学生不仅积极性高涨，更是加强对难点节奏XXXX的掌握。）

四、总结结束

这节课我们认识了音乐当中简单的节奏型，学唱了歌曲《小毛驴》。音乐给人带来无限的快乐，不同的节奏，带来不同的感受，课后大家可以去收集两首你喜欢的歌曲，一首快节奏、一首慢节奏，下节课我们继续分享好听的音乐。

（执教：深圳市龙岗区丰丽学校　洪玉）

第七课《感知节奏（一）》

教案之二：

第一课时：

教学内容：

1. 学习新的节奏型XXXX。
2. 学唱歌曲《小毛驴》。
3. 感知歌曲结构"a+b+a+b"。（用律动表现力度和速度的变化。）

教学目标：

1. 知识目标：学习新的节奏型XXXX，并能正确的拍读出来。
2. 情感目标：通过背唱歌曲《小毛驴》能感受到歌曲诙谐风趣的形象。
3. 能力目标：在五段律动音乐活动中，能用律动正确地表现力度和速度的变化。

教学重难点：

1. 能正确地拍、读、唱出XXXX这个新节奏。
2. 背唱歌曲《小毛驴》，特别注意新节奏的演唱。
3. 培养学生边唱边跳的表演能力。

教材过程：

一、趣味导入

1. 听，响起了这样的声音，你觉得是什么动物来了呢？（小鸟。）
2. 那有谁能模仿一下小鸟的叫声呢？

X X X X　　X

叽叽喳喳　　叫

3. 读童谣，拍节奏。

4. 听读节奏，做律动。

（1）行走：X X ｜ X X ：‖

　　　口读：ta ta　ta ta

（2）拍手：XX XX ｜ XX XX ：‖

　　　口读：ti ti ti ti　ti ti ti ti

（3）选择三角铁：X — ｜ X — ：‖

　　　口读：ta－a　ta－a

（4）选择双响筒：XXXX XXXX｜XXXX XXXX ：‖

　　　口读：di li di li di li di li　di li di li di li di li

（设计意图：情境激趣，通过此练习巩固"X"、"XX""X—"节奏，学习X X X X这个新节奏，并为学唱歌曲做铺垫，解决学唱中的节奏难点。）

二、歌曲学唱

1. 播放驴叫的音频，听听这是动物呢？
2. 播放歌曲范唱。

（1）通过聆听，说说歌曲中讲了一件什么趣事？

（2）提问：同学们歌曲中骑毛驴的小朋友是怎样摔跤的？你能表演一下吗？在玩中巩固3 3 3 3的节奏。

板书：3 3 3 3 3 3 | 2 2 2 3 | 1 - ‖

　　　咕噜噜噜 噜我 摔了一身 泥

（设计意图：培养学生的聆听习惯，初步感受歌曲调皮、风趣地形象。）

3. 读读、拍拍、敲敲。（按歌曲节奏读出歌词。）

X X　X X | X X　X X | X X X X | X — |

我有 一只 小毛 驴我 从来也不 骑，

X X　X X | X X　X X | X X　X X | X. X |

有一 天我 心里 高兴 骑着 去赶 集我

X X　X X | X X　X X | X X X X | X — |

手里 拿着 小皮 鞭我 心里正得 意，

X X　X X | X X X X X X | X X X X | X — ‖

不知 怎么 咕噜噜噜 噜我 摔了一身 泥。

（1）读拍歌词，注意二拍子强弱规律。

（2）选择合适的打击乐器音色模仿骑驴的脚步声。

（设计意图：通过读读、拍拍、敲敲充分体验二拍子的强弱规律和认读歌词。）

4. 听听、找找、画画

（1）完整聆听歌曲，在歌曲每个乐句的末尾，老师拍掌提示，让学生思考歌曲划分为几个乐句？（4句。）

（2）老师唱旋律，学生边看乐谱边听，通过视、听结合，找相同乐句和相似乐句。（1和3乐句相同，2和4乐句相似。）

（3）在相同和相似乐句后面画结构（a b a b'）

（设计意图：通过听听、找找、画画、排排培养学生认真聆听和仔细观察的好习惯，并激发学习兴趣，充分感知歌曲结构。）

5. 唱唱、演演、奏奏

（1）老师分句弹伴奏，学生分句填词学唱。

（2）学生听原声伴奏，完整学唱。

（3）重难点练唱。（如：X X X X 新节奏的正确演唱，第2乐句大附点加换气记号的正确演唱；学会用诙谐幽默地情绪来演唱等。）

（4）表现歌曲。

全班分成三大组，第一组有感情地演唱歌曲，第二组跟老师边唱边律动，第三组敲击乐器伴奏。

（设计意图：充分利用学生资源，使学生成为学习的主体，并丰富歌曲、表现歌曲，充分发挥学生的表现力和表演欲。）

三、巩固与拓展

1. 欣赏五段律动音乐。

（1）感受力度变化：强、弱、渐强、渐弱。

（2）感受速度变化：快、慢、渐快、渐慢。

（3）学生跟着音乐自由创编动作。

2. 综合体验。

（1）欣赏《Donkey Donkey I Beg You》让学生感受一首英文的小毛驴的歌曲。

（2）走进音乐世界，并在农场里开音乐会。

师：要是让你们来开农场，你会养什么动物？请把你的动物编进歌曲里，并加上律动。

生：相互参观农场，分组分角色来表演，学生自由展示他们的才能。

（设计意图：通过活动与综合练习，能用律动正确地表现力度和速度的变化，从学生兴趣入手，培养学生专心聆听音乐的习惯。）

四、课堂小结

1. 小朋友们，这节课你们学到了什么？

2. 时间过得真快呀，让我们再一次带着诙谐幽默地感情演唱歌曲跟农场里的动物们告别吧！

（执教：深圳市龙岗区春蕾小学　陈凤）

第八课《音乐中动物的小故事——小鸭和大灰狼》

第一课时：

教学内容：

1. 结合器乐演奏的音响听辩圆号、双簧管2种不同的乐器音色。
2. 欣赏《小鸭和大灰狼》并完成拓展。

教学目标：

1. 知识目标：认识新乐器——双簧管；能听辨出音乐中双簧管和圆号出现的地方。
2. 情感目标：感受音乐是怎样表现各种不同动物的形象与动作的。
3. 能力目标：通过讨论让学生理解不同的色彩可以表示不同的音乐情绪，用自己的声音与形体语言来表现对各段音乐的理解。

教学重难点：

1. 在欣赏过程中，培养学生丰富的想象力与即兴创造力。
2. 了解色彩与音乐情绪之间的关系。
3. 感知音色（双簧管、圆号）。

教学过程：

一、导入

大森林里有许多可爱的动物，下面我们就一起到森林中去看一看，听一听，在这个美丽的早晨，哪一位动物最先醒来？

1. 欣赏音乐片段并结合画面，听出谁最先醒来。（幻灯片出示：小鸭游水和大灰狼的画面，先播放双簧管演奏的音乐片段，再播放圆号演奏片段。）
2. 讨论结果：小鸭最先醒来，大灰狼后醒来。

（设计意图：双簧管带给人轻松愉快，圆号则带来紧张压抑，让学生根据自己的感受"听"出音乐表现的动物形象，从而得出结论——小鸭最先醒来。）

二、认识乐器

1. 原来，是小鸭子最先醒来！小鸭子醒来后在做什么啊？

师生讨论：小鸭子醒来在河里洗脸，然后抓小鱼小虾吃。

2. 吃完早餐，小鸭子愉快得唱起了歌儿。（出示实物：双簧管。）

师：这个乐器叫做"双簧管"。让我们看看它的身材是什么形状的？（引导学生观察：瘦长的。）听一听，双簧管的声音是怎样的？（播放双簧管的声音，引导学生总结双簧管的声音特点。）

老师小结：所以在森林里扮演小鸭子的乐器叫做双簧管。让我们听着小鸭子的音乐来学一学小鸭子的动作吧。

3. 你知道大灰狼醒来后会做什么吗？（出示幻灯图片给予提示：一双凶猛的眼睛。）

师生讨论：抓小动物吃。狼的声音是用什么乐器发出来的？（出示实物：圆号。）这个乐器叫做"号"。让我们看看它的身材是什么形状的？（引导学生观察：圆圆的。）所以它叫做什么号？（出示幻灯板书：圆号，也叫法国号。）听一听，圆号的声音是怎样的？（播放圆号的声音，引导学生总结圆号的声音特点。）

4. 老师小结：所以在森林里扮演狼的乐器叫做圆号。让我们听着狼的音乐来学一学狼的动作吧。

（设计意图：1. 用不同的乐器表现不同的动物，情境设置，会让学生更有学习兴趣。2. 乐器的实物接触会让学生印象更加深刻。3. 连续欣赏两次小鸭和大灰狼的主题音乐，学生印象会更深刻，也为了解色彩与音乐情绪之间的关系做好铺垫。）

三、音乐欣赏

1. 听老师讲小鸭子和大灰狼的故事。（出示课题：《小鸭和大灰狼》。）

在森林里一直流传着一个关于小鸭子和大灰狼的故事，故事是这样的。（播放音乐《小鸭和大灰狼》，老师根据音乐的发展讲故事。）

2. 分段欣赏

①欣赏第一、第二乐段，要求学生说出每一段音乐所表现的情绪和色彩。（教

师出示不同颜色的色块供学生参考。）

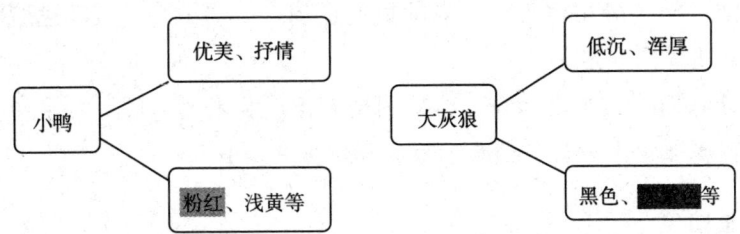

②欣赏第三乐段，要求学生说出每一段音乐所表现的情绪和色彩。

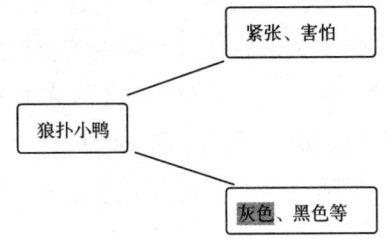

③师小结：情绪较紧张、低沉的音乐，我们用冷色调中较为沉闷的颜色来表示；抒情优美的情绪，用暖色调中较为柔和的颜色表示；活泼欢快的情绪，用暖色调中鲜艳、明亮的颜色来表示。

（设计意图：1.培养学生通过听和想说出每一段音乐所表现的动物形象及情绪；2.音画结合，学生通过听、看、想，展开想象的翅膀去感受音乐，去描述乐曲中的音乐形象，去理解音乐的要素和美术的色彩。）

四、拓展

1.讨论：大家喜欢这个故事的结尾吗？

创编：用大红色的色块来改变故事的结尾。（在这紧急关头，猎人出现了……小鸭子逃掉了。）

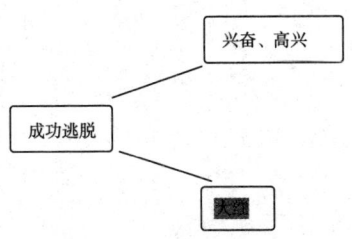

2.思考：为"小鸭子得救了"这一环节设计音乐。（老师弹奏本学期学过

的歌曲，有意识的引导到歌曲《向前走》。）

3. 表演：学生分角色表演，老师负责音响。（"小鸭子成功逃脱"环节，老师弹奏歌曲《向前走》。）

（设计意图：1. 听动结合，体验创造音乐、美术的意境。2. 重新安排小鸭子的结局，会让学生兴奋不已而乐于参与到其中。）

五、总结

1. 今天我们认识了哪几种小乐器？它们都有什么样的特点？

（引导学生从外形到声音来回忆两个乐器的特点。）

2. 今天我们欣赏了一首什么乐曲？这首乐曲教会我们什么？

（对学生进行安全意识教育：任何时候都不要单独出去玩耍。）

3. 小鸭子得救了，我们送小鸭子回它的家吧！

（播放音乐，引导孩子随老师一起随着音乐走出教室。）

（执教：深圳实验承翰学校　段蓉）

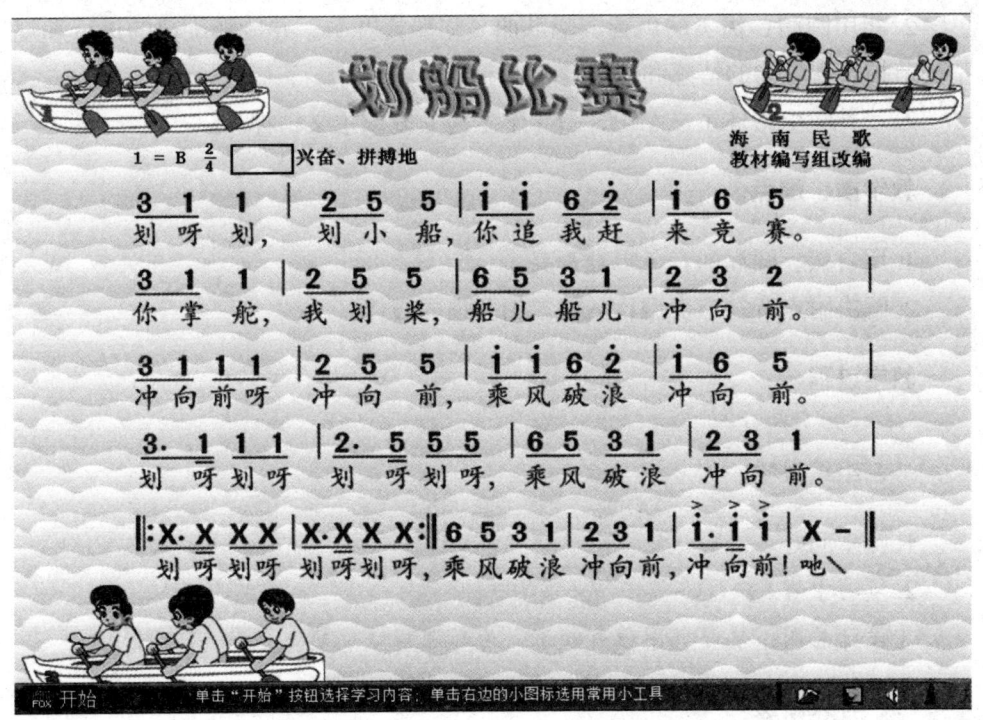

第九课《感知音乐节拍（一）》

教案之一：

第一课时：

教学内容：

1. 学会歌曲《划船比赛》。
2. 掌握二拍子规律。
3. 尝试跟节拍写出这首歌速度。

教学目标：

1. 学会听唱歌曲《划船比赛》，感知音乐的节拍，学习并掌握二拍子的强弱规律。

2.能用圆润、优美的声音演唱歌曲《划船比赛》，并能随旋律的进行和规整的节拍表现歌曲的情感和意境。

3.培养学生集体主义意识，引导学生树立爱国主义精神。

教学重、难点：

1.用自然、圆润的音色唱准音高。

2.解决附点音符节奏型，掌握二拍子强弱规律。

教学过程：

一、组织教学

1.师生问好。

2.复习手号。

（设计意图：复习巩固原有知识，为新课程做铺垫。）

二、导入新课

师：同学们老师听说你们模仿能力很强，可以模仿下老师的动作吗？

‖: x. x x x | x. x x x :‖
　　划 呀 划 呀　划 呀 划 呀，

学生：积极参与其中（模仿老师的节拍。）

师：学生表现非常不错，请同学们继续，老师演唱歌曲《划船比赛》。

学生：听见老师的歌声非常开心，继续他们的动作，为老师打节拍。

（设计意图：通过模仿老师的动作，解决难点，并加深对歌曲的印象，为接下来的学唱歌曲做铺垫。）

三、学唱歌曲

1.师：同学们欣赏完老师的歌声，老师想考一考同学们，老师演唱的《划船比赛》有什么规律？

师：今天老师邀请了一群活泼可爱的小朋友来和同学们一起划船，请同学听一听他们划船有什么规律？

（设计意图：集中学生注意力，引导学生发现二拍子的规整，为学习节拍做准备。）

2. 教师有节拍、有感情的朗诵歌词后带领学生朗诵歌词。

师：同学们表现太好了，老师听说我们班同学非常勇敢，非常愿意探索发现，接下来老师这里有个小小难度的挑战，大家愿意吗？

3. 师：在挑战之前我们要先做一些准备，请同学生身坐正、背挺直、听着琴声轻声唱、"wu"。

教师引导学生用自然圆润的声音发声

（课前准备完成后，教师展示歌谱），请学生伸手一起打手号，并轻声唱歌谱。

（设计意图：引导学生用自然、圆润的音色演唱歌。）

4. 师：学生非常准确完成手号练习，接下来我们一起唱一唱歌曲（要求学生有强弱规律的演唱。）

5. 师纠正学生附点音符节奏型，并跟琴准确演唱歌曲。

（设计意图：独立解决节奏型的难点，为完整演唱歌曲作铺垫。）

6. 师：同学们，我们这是一场划船比赛，那么我们应该以什么样的速度才能到达终点？接下来请你们用三中速度（稍慢、中速、稍快）来演唱，选择你认为合适的速度填在教材上。

生：选择稍快，更符合这首歌曲。

（设计意图：让学生进一步熟悉旋律，通过划船和拍手初步感知乐曲的速度，同时带着问题聆听，养成良好的聆听习惯。）

7. 跟教师的琴声完整演唱歌曲并改变演唱形式。（分组演唱。）

（设计意图：分组合作完成演唱，提高学生合作意识，培养学生集体主义精神。）

四、知识与拓展

1. 引导学生学习知识认识节拍。（在音乐中，强拍、弱拍有规律地循环出现，称为节拍。）

2. 创编 学生分组合作演唱并表演（一小组有节拍、有情感的演唱 二小组做创编动作。）

3. 《划船比赛》是海南民歌，摇船是海南的传统，海南是中国的一部分，是一个岛屿（师展示中国地图。）它是中国不可分割的一块领土，是我们的弟兄姐妹。

（设计意图：了解歌曲的情境，引导学生有目的进行创编，通过知识拓展让学生了解海南是祖国的一部分，是我们的弟兄姐妹。）

五、课堂小结

师：同学们今天的课堂你们开心吗？这节课你们学到了什么？

学生：自由发言。（学会了划船、节拍、强弱等。）

师：今天这节课老师非常开心和同学们一起学会了《划船比赛》这首歌曲，明白了划船的规律1212，也知道了节拍的规律，更加明白海南人民的淳朴，也是我们的弟兄姐妹。今天课到此就结束了，期待下次与你们相见，下课！

（设计意图：对整节课进行总结回顾，帮助学生梳理知识并掌握知识。）

（执教：深圳市建文外国语学校　唐慧）

第九课《感知音乐节拍（一）》

教案之二：

第一课时：

教学内容：

1. 学唱歌曲《划船比赛》。
2. 感知二拍子特点。

教学目标：

1. 体验与感知二拍子的拍律特点。
2. 能用圆润、优美的声音演唱歌曲《划船比赛》。
3. 培养学生团结协作、齐心协力的合作精神。

教学重难点：

1. 用自然、圆润的音色唱准音高。
2. 解决附点音符节奏型，掌握二拍子强弱规律。

教学过程：

一、节奏游戏，体验二拍子韵律特点

1. 借助体育课上的口令"原地踏步踏1、2、1、2"重拍左脚在"1"，弱拍右脚在"2"，体验二拍子韵律特点。

2. 用打击乐器（木鱼、沙锤、小鼓、碰铃。）来表现二拍子的强弱规律。

（设计意图：通过身体的律动和拍击打击乐器的方式，引导学生感受、体验二拍子特点。）

二、导入新课

1. 播放端午节划船比赛的视频，请学生谈谈感受。
2. 教师讲述端午节划龙舟的来源。

划龙舟是端午节的一个特色活动，端午节是我们国家的传统节日。端午节是为了纪念（展示屈原的画像。）战国时期楚国诗人屈原，他写下了很多不朽的诗篇。当时祖国被外敌侵略，屈原却报国无门。在五月五四，他投汨罗江而死。以自己的生命谱写了一曲壮丽的爱国主义乐章。后来人们在阴历五月初五——端午节那一天进行赛龙舟等庆祝活动来纪念屈原。)

（设计意图：兴趣是最好的老师，我根据学生年龄特点运用视觉导入，能够快速抓住学生的注意力。了解端午节龙舟比赛的习俗，激发学生的学习兴趣。)

三、歌曲学唱

1. 初听歌曲《划船比赛》，请同学们说一说歌曲的情绪并出示三种速度请学生选择？

（拼搏的、力争上游、积极向上。）（稍快、中速、稍慢。）

2. 教师带领学生有节奏、有感情的朗读歌词并解决歌曲中的生词和易错字。引导学生认识反复记号，讲一讲反复记号处怎么演唱。

3. 再次聆听范唱，请学生在聆听的同时进行无声跟唱。

4. 在聆听的基础上，教师用琴逐句教唱，提醒学生脚踩地、背挺直，让我们有一个正确的歌唱姿势。

5. 最后一句的念白，教师引导学生边做划船动作边念有附点音符的句子，提示学生用有力度的声音演唱以及换气要迅速。

‖: x. x x x | x. x x x :‖
　　划 呀 划 呀　划 呀 划 呀，

6. 师生接龙唱，提高学生的演唱热情。
7. 学生能熟练演唱后，加入划船动作，加强歌曲强弱表现。
8. 请学生完整演唱歌曲，告诉他们划船比赛快到终点了，大家划船要一次比一次用力。

（设计意图：通过先朗读歌词，学生能进一步熟悉节奏歌词，提高演唱自信心。通过多次的范唱，培养学生的聆听习惯。运用划船的动作，让学生更好的体验附点八分音符的时值。）

四、表现歌曲

（1）将学生分为四个组——"力争上游""团结拼搏""奋力向前""勇夺第一"分别来竞赛。

（2）每组派一个代表上台分别用小鼓、沙锤、碰铃等乐器为自己的组伴奏，其他的成员边唱边做划船动作相互配合。

（3）全班评一评，哪一组的歌声最动听，节奏把握的最好，动作最到位。

（设计意图：让学生进行分组，并用乐器演奏，能够更好的检验学生掌握歌曲的情况，让学生评一评哪组唱的最动听，是为了避免学生喊唱。运用乐器是为了培养学生的创新意识，引导学生开动脑筋，在活动中加深体验。）

五、课堂小结

师：从刚才的比赛中，老师看到了同学们团结合作、相互配合、力争胜出的拼搏精神，真是太棒了！其实不管是生活上还是在学生上很多事情都需要靠集体的力量，只要团结就一定能取得最终的胜利。最后让我们在歌声中结束这节快乐的音乐课吧！

（执教：深圳市龙岗区龙岭初级中学　向艳）

一年级的音乐课

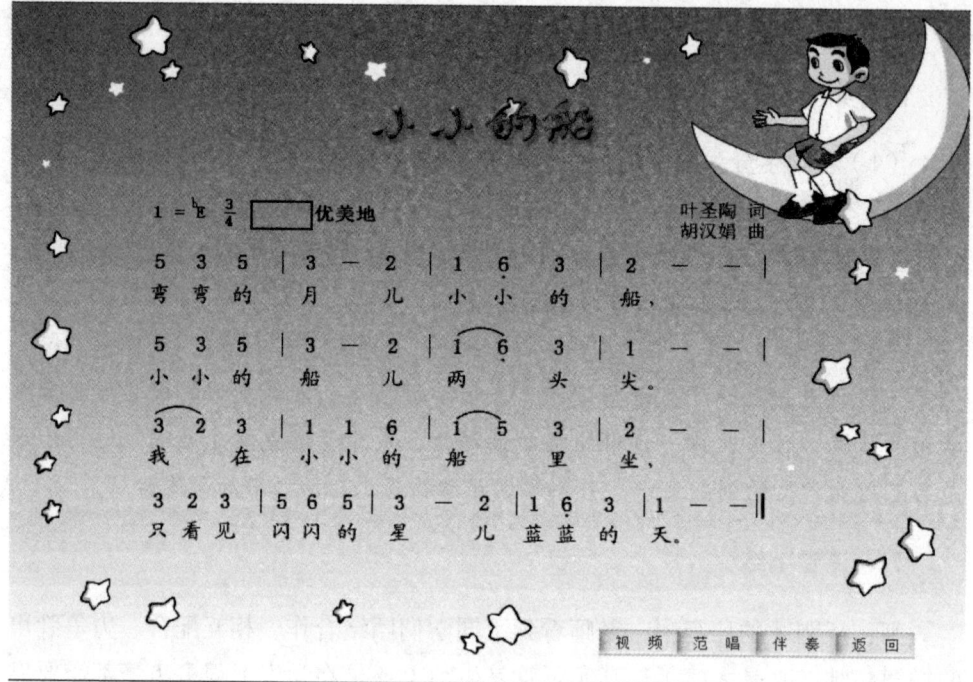

第十课《小小的船》

教案之一：

第一课时：

教学内容：

1. 学唱歌曲《小小的船》。
2. 感受三拍子韵律。

教学目标：

1. 学唱歌曲《小小的船》，感受歌曲速度和力度。
2. 感知《小小的船》三拍子的美感。

教学重难点：

1.有感情地演唱歌曲，体验三拍子的音乐美感。

2.《小小的船》歌曲意境的把握，体验三拍子节奏。

教学过程：

一、律动导入

1.听《小小的船》的音乐，带领学生摇摆手臂，轻轻晃动身体，随着音乐踏节拍，做划船的动作，感受歌曲的韵律，感受三拍子的内容。

（设计意图：吸引学生的注意力，树立了学生的自信心。通过"划船"的动作参与，学生对歌曲的节拍有了再一次的体验。）

2.小朋友，你们划得真不错！为了奖励你们，老师带来了一件礼物。（折叠的小纸船奖励划的好的学生。）

二、引导掌握

1.学习歌词

①（出示弯弯的月亮道具）小朋友们看，这是什么呀？像什么呢？

生：月亮船。

②这只像船的月亮你会想到什么歌曲呢？（出示歌词：《小小的船》。）

谁愿意来朗诵这首儿歌。（请一人上台朗诵。）

③出示夜空图：我们随着音乐一块来朗诵一遍吧！（朗诵时，请特别投入的学生到前面来领诵。）

（设计意图：与文学相结合，回顾所学儿歌《小小的船》，这不但让学生拓宽了视野，丰富文化内涵，也为下一步的歌曲学唱打下基础。）

2.学唱歌曲

（1）同学认真聆听歌曲一遍，感受歌曲情感。

（2）再次聆听歌曲，跟着歌曲旋律哼唱。

（3）出示《小小的船》歌谱，朗诵歌词。

（4）同学们朗诵得真棒，老师也想为你们表演呢！（教师声情并茂地演唱。）

（5）好听吗？你们能不能边唱边随着这音乐起舞呢？（生随音乐伴奏自由律动。）

（6）律动结束后邀请一位刚才动作与音乐很贴切的学生上台：我们请这位同学表演一下。

他的动作是不是很美？我们一块儿来学学他的动作吧。（在音乐中再次律动感受旋律。）

（7）你们也想来唱唱吗？那我们就随着音乐来轻轻地哼一哼吧。

用轻声跟着琴哼歌曲旋律，然后再用"lu"哼唱歌曲旋律，（同学们要在轻柔的音乐中感受旋律的美哦。）

（8）跟伴奏轻声演唱歌曲一遍。（我们要注意 1 5 3│2 - -│五度音高问题，要唱准。）

（设计意图：充分发挥学生的主体作用，使他们积极参与音乐体验。及时给予学生评价，从而激发学生的学习、表演的积极性，并增强学生对音乐的热爱。）

三、感受体验

1. 出示夜空图

师：同学们，我们在夜空图看到了什么呢？现在让我们随着音乐划着月亮船到太空去遨游一圈。（老师随《小小的船》音乐伴奏敲击碰铃。）

师：开始，我们在湖中划了船，现在，我们到太空中又划了船，那这两次划船的感觉有什么不同啊！

（学生自由体验两次划船的速度和力度。注意三拍子 X X X│X X X 节奏。）

生：第一次划要欢快、有力些；而第二次划要缓慢、轻柔些……

（设计意图：设计切合学生生活实际的音乐活动"划船"，让学生随两段不同的音乐用速度、力度不同的划船动作来感受音乐情绪不同的乐曲《小小的船》，知道不同的音乐要选择合适的动作，知道三拍子的动作要优美、轻盈。）

出示夜空图，循环播放《小小的船》音乐伴奏。

2. 让我们闭上眼睛，静静地来欣赏这首优美的旋律。（营造宁静的氛围。）

师：（来到学生中间，有感而发）我仿佛来到了绿绿的草地上，我好像坐在了秋千上，随着微风荡啊，荡啊……我好像看见了平静的湖水，嫩嫩的柳条在春风的吹拂下飘呀，飘呀……

3. 睁开眼睛，刚才，你们仿佛来到了哪里？都看到了什么？

（设计意图：教师通过运用音乐教学环境和教师那精炼委婉的描述，充满感情的引导，大大加强了学生的音乐审美感受，加深了学生对音乐美的认识和理解，同时也加深了对音乐美的探索。）

四、听赏表现

1.瞧，老师为你们每一个同学准备了不同颜色的彩带，你们觉得哪些颜色适合这首歌曲呢？为什么？

2.你们感觉是什么颜色，就将这种颜色的彩带拿起来随音乐动一动吧！

（师生拿彩带、道具（弯弯的月亮、闪闪的星星）随音乐动起来。）

（设计意图：运用艺术的通感，注重学科的综合，使学生产生新的审美体验，从而创造更多的美。）

五、小结，下课

学生能体会音乐表现出夜的宁静和美好，能用优美的声音演唱歌曲《小小的船》，从整体看，本课呈现动中有静，静中有动的课堂气氛，学生静中感受"美"，体现"美"，动中表现"静"，体现"做"层次分明，环环相扣，过度自然。

（执教：深圳市龙岗区南芳学校 陈剑）

第十课《小小的船》

教案之二：

第一课时：

教学内容：

1. 学唱歌曲《小小的船》，为歌曲写上合适的速度。
2. 通过学唱《小小的船》，欣赏和想象宇宙太空的奇妙景色。

教学目标：

1. 知识目标：学唱歌曲《小小的船》，并能用轻柔、优美的声音有表情地进行歌表演。
2. 情感目标：通过欣赏关于月球的图片和想象宇宙太空的奇妙景色，使学生在音乐中得到美的熏陶，激发同学们从小热爱科学的兴趣。
3. 能力目标：为歌曲写上合适的速度记号，利用小乐器简单的为歌曲伴奏。

教学重难点：

1. 学会歌曲《小小的船》。
2. 利用小乐器为歌曲伴奏，体验三拍子的美感。

教学过程：

一、导入

1. 请同学们看大屏幕，大家看到了什么呢？（出示几幅月球的图片。）
2. 同学们，月球是第一个人类曾经登陆过的地外星球。前苏联的月球计划在1959年发射了第一艘登月的无人太空船；美国NASA的阿波罗计划是到目前为止，唯一实现的载人登月任务。
3. 我们的科学家真是了不起啊。同学们是不是也觉得月球很神奇，想去月球上看看呢？

4.今天老师就带大家坐着飞船上月球，到美丽的月球上去看看吧！不过啊，去月球可没那么容易，要经历重重考验，因为，我们乘坐的飞船摇摇晃晃的，很不稳定，为了使大家尽快适应飞船的摇晃感，安全抵达月球，老师先要带大家来拍一拍这样的节奏哦！（出示节奏。）

（设计意图：通过几幅月球的图片，简单的介绍月球，让学生对月球产生浓厚的兴趣，教师带领同学们乘坐飞船上月球，告诉学生要适应飞船上的摇摇晃晃，很自然的引出三拍子的节奏练习。）

二、感受三拍子

1. 节奏训练：X X X | X X X |……

提示：身体坐直，双腿与肩同宽，第一拍要求学生拍腿，二、三拍轻轻拍手。这样练习几次后，再加身体的律动，前三拍身体左摇晃加击拍，后三拍身体右摇晃加击拍，左右摇晃，让学生感受三拍子的荡漾感。

请同学们跟我上飞船吧，我们准备出发啦，坐稳了，别紧张，让我们跟着音乐一起出发吧！

2. 播放歌曲伴奏

教师播放歌曲《小小的船》的伴奏音乐，全班模拟坐在飞船上荡漾的感觉，身体根据音乐的节拍均匀的左右摇晃，初步感受歌曲的优美旋律。

同学们都很棒，很快适应了飞船的摇晃感，我们现在已经安全抵达月球了哦。大家快看，月球上不仅有漂亮的景色，还有好听的歌曲呢！让我们放松一下紧张的心情，一起来听一首歌曲吧。（出示课题《小小的船》。）

（设计意图：这首歌曲是一首三拍子的歌曲，通过练习击拍及身体左右均匀的摇晃以及后面跟着音乐左右摇晃身体，让学生更加直观的感受了三拍子的特点，亲身体验了稍慢速度的三拍子的荡漾感，为把握歌曲的速度做了铺垫。）

三、学唱歌曲

1. 初听歌曲
播放歌曲《小小的船》，教师出示3种速度让学生选择（快、中速、稍慢。）。
2. 再听歌曲
歌曲有几个乐句。（教师引导学生画旋律线，共四句。）

3. 教师带读歌词

歌词：弯弯的月儿小小的船。小小的船儿两头尖。我在小小的船里坐，只看见闪闪的星星蓝蓝的天。

（注：考虑是一年级的小朋友，很多字可能不太认识，所以教师带读很有必要。）

4. 听琴唱歌词

教师第一遍弹第一乐句，学生注意听琴的旋律但不唱出声，第二遍还是弹第一乐句，学生这时候跟着琴声填词一起唱。后面三个乐句也采用这样的方式学唱。

（设计意图：第一遍听，让学生养成倾听钢琴音高的好习惯，学生在听完，心里有了一定的音高概念，第二遍跟琴唱的时候自然会唱的比较准确，这样不仅锻炼了学生的倾听习惯，也增强了学生的自主学习歌曲的兴趣和自信。）

5. 教师完整的示范演唱，唱出三拍子的强弱规律，让学生感受乐曲的美感，知道要用优美、轻柔的声音演唱歌曲。

老师完整的唱一遍，同学们来感受一下与你们唱的有那些地方处理不太一样呢？教师引导学生用优美、轻柔的声音唱出歌曲的美感。

6. 请个别学生演唱

请个别同学演唱，引导学生用刚刚老师示范演唱歌曲的感觉去演唱歌曲，唱的好的同学要给以表扬，也可以让其他同学向他学习，一起跟着这位同学的感觉再唱一遍；唱的不大好的同学要及时纠正并给以鼓励。

7. 全班完整的演唱一遍

（设计意图：通过听琴学唱、教师有感情的示范演唱、抽查个别学生演唱并及时作出评价等教学环节，使学生循序渐进的对歌曲有了更深的理解，相信再次演唱的时候，同学们都充满着自信。）

四、出示歌谱

1. 学唱歌谱

用接龙的方式，教师先唱 5 3 5 | 3 — 2 | 学生接 1 6 3 | 2 —— |

教师唱 5 3 5 | 3 — 2 | 学生接 1 6 3 | 1 —— |

教师唱 3 2 3 | 1 1 6 | 学生接 1 5 3 | 2 —— |

教师唱 3 2 3 | 5 6 5 | 3 — 2 | 学生接 1 6 3 | 1 —— |

第二遍反过来，学生先唱 5 3 5 | 3 — 2 | 教师接 1 6 3 | 2 —— |

学生唱 5 3 5 | 3 — 2 | 教师接 1 6 3 | 1 —— |

学生唱 3 2 3 | 1 1 6 | 教师接 1 5 3 | 2 —— |

学生唱 3 2 3 | 5 6 5 | 3 — 2 | 教师接 1 6 3 | 1 —— |

2. 学生完整的演唱歌谱

3. 教师抽查个别学生唱歌谱

（设计意图：新课标要求学生具有一定的唱谱能力，规定了不同学段不同的要求，那么一年级的学生学唱简单的歌谱无可厚非，但我对学习歌谱的环节作了调整，前面先教了歌词，因为一年级的孩子如果在一上课就开始唱谱，难免会枯燥无味，所以我放到了唱完歌曲之后，学生旋律会了情况下，学习歌谱起来也就容易多了，他们不会觉得枯燥，反而增加了学生的积极性。）

五、创编节奏

1. 节奏训练

教师把提前准备好的小乐器三角铁、双响筒发给学生，没有小乐器的就按前面的方式击拍。

    三角铁：X 0 0 | X 0 0 |

    双响筒：0 X X | 0 X X |

同学生看，我这里有两种乐器：三角铁、双响筒，三角铁敲强拍，双响筒敲后面两拍弱拍。

教师先要告诉学生三角铁、双响筒的基本演奏方法，可以先分开练习，然后再两个声部合起来，没有小乐器的学生就按前面的方式击拍。

2. 为歌曲伴奏

全班分成三大组：第一组乐器伴奏组、第二组击拍组、第三组歌曲演唱组。

学生利用小乐器敲击刚才训练的节奏型，为歌曲伴奏。伴奏的两组同学一定要注意敲出强弱弱的规律，让学生体验三拍子的特点。当然教师也可以引导演唱组的同学可以创编一些简单的肢体动作来丰富表现歌曲。

3. 小结、下课

同学们，歌曲《小小的船》旋律优美动人，给我们无尽的遐想。老师希望同学们从小就好好的学习科学文化知识，将来长大了能当一名真正的宇航员，登上月球，为我国的航天事业做出贡献！

第二课时:

教学内容:

1. 感知《小小的船》与《小圆舞曲》这两首中速度的三拍子音乐。
2. 在欣赏《快乐的罗嗦》与《星光圆舞曲》的片段音乐中,能听辨哪个是二拍子,哪个是三拍子。

教学目标:

1. 知识目标:在欣赏《快乐的罗嗦》与《星光圆舞曲》的片段音乐中,能听辨哪个是二拍子,哪个是三拍子。
2. 情感目标:感知《小小的船》与《小圆舞曲》这两首中速的三拍子音乐的美感。
3. 能力目标:用不同的形式体验三拍子。

教学重难点:

听辨二拍子,三拍子,体验三拍子。

教学过程:

一、复习导入

1. 教师带学生用打稳定拍的方式(第一拍拍腿,第二拍拍手,第三拍捻指)演唱《小小的船》,体验三拍子。
2. 教师请几位学生上来用刚才老师击拍的方式带全班在演唱一遍歌曲。
3. 听歌曲《划船比赛》,用手指点拍子,找到拍点,让学生体会强弱规律,告诉学生二拍子与三拍子的区别。

(二拍子:强 弱   三拍子:强 弱 弱)

用各种击拍方式体验二拍子、三拍子:教师用乐器敲出三拍子的节拍,学生强拍拍腿、弱拍手的动作,或可以设计其他动作,只要表现出二、三拍子的特点均可。

二、听钢琴曲《小圆舞曲》

1. 初听乐曲
老师现在再来播放一首非常好听的乐曲,大家试试拍一拍乐曲的稳定拍。

同学们的拍子都点的比较准确，那同学们能知道这是几拍子的乐曲吗？

2. 复听乐曲

教师用身体律动演示三拍子（第一拍踏脚，二、三拍拍手），直观的让学生看出教师拍的是三拍子，学生跟着教师一起体验。

3. 再听乐曲，为乐曲伴奏

教师让学生用小乐器为乐曲伴奏：

木鱼： X 0 0 | X 0 0 |

铃鼓： 0 X X | 0 X X |

三角铁： X − − | X − − |

其他学生相互拍手游戏：第一拍自己击掌，二、三拍同学之间相互击掌。通过游戏让学生感受三拍子的强弱弱的规律特点。

三、欣赏两首乐曲，辨别二拍子、三拍子

1. 听弹拨乐合奏《快乐的啰嗦》片段，让学生用手指点稳定拍。这是一首二拍子的乐曲。

除了用手指点拍子，还可以用什么方式来表现二拍子呢？

二拍子的特点是强弱，我们只要知道这点，无论用什么方式去表现都是可以的。

2. 再听一遍

学生用刚才自己表现的方式来表现二拍子。

3. 听钢琴曲《星光圆舞曲》，同样先让学生用手指点拍的方式找找稳定拍，看这是几拍子的乐曲。

除了用手指点拍子，还可以用什么方式来表现三拍子呢？

师小结：三拍子的特点是强弱弱，我们只要知道这点，无论用什么方式去表现都是可以的。

四、小结、下课

无论是二拍子还是三拍子，我们只需要找到它们的强弱规律就能正确听辨出它们的旋律特点了。

（执教：深圳市龙岗区龙岭学校　沈鸽）

一年级的音乐课

第十一课《感知音的高低（四）》

第一课时：

教学内容：

1. 学唱歌曲《牧童谣》。
2. 学习新的音符"2"，复习巩固"3、5、6"3个音的手号。

教学目标：

1. 知识目标：复习巩固"3、5、6"三个音的手号，新授"2"的手号。
2. 能力目标：能用自然连贯的声音演唱该曲。
3. 情感目标：能够根据歌曲的演唱形式，用自己的歌声和肢体动作表现歌曲的情绪。

教学重难点：

1. 重点：学会用打手号的方式去演唱该歌曲。
2. 难点：在歌曲中打手号与演唱表现相互配合默契。

教学过程：

（一）新课导入

1. 老师微笑着走进教师和同学们问好！

师：3 5 6

　　谁 坐 好！

生：6 5 3

　　我 坐 好！

2. 老师加大一点难度看看同学们能否做到，师出示这三个音的手号让同学们学一学。

3. 下面请同学们听！老师用你们唱的这三个音编了一首歌送给你们！请你们仔细聆听看看多了哪一个音符？

3 3 3 5｜6 6 6｜
6 6 5 3｜2 2 2｜
2 3 2 3｜6 6 6｜

4. 师：同学们听出来了吗？（re）

（设计意图：以拍手声势的形式让学生感受歌曲二拍子之后引入四拍子节奏。通过节奏的形式让学生在不知不觉中聆听、感受、熟悉歌曲旋律。）

（二）新课教学

1. 初步感受歌曲

（1）请你仔细聆听，感受音乐，歌词里面唱到了谁？（牧童。）

（2）请你第二次聆听牧童的歌唱，体会歌曲的演唱形式的特点。（一问一答。）

（3）请你第三次聆听牧童演唱时的心情怎样？（高兴、开心。）

2. 学习歌曲的旋律

（1）下面比一比谁的耳朵最灵！

请你第三次聆听歌曲一共出现了哪些音？并打着手号唱一唱。

2　　　3　　　5　　　6
Re　　Mi　　Sol　　La

（2）接下来考一考谁能跟琴边打手号边唱下面旋律片段。

旋律1：Sol Sol Sol Sol La

旋律2：3—5—6—5—3—6—3—5

旋律3：5—5—5—5—3

旋律4：

（设计意图：培养学生学会用耳朵聆听音乐，从而建立其音高概念。通过师生互动，让学生初步感受乐曲，激发学生对乐曲的兴趣。）

3. 听歌曲范唱

（1）牧童听到同学们美妙动听的歌声，他也想唱一首歌给同学们听！同学们欢迎吗？请你认真仔细聆听，为歌曲排序。（师放范唱音乐。）

师：第一句那斯那斯嗨，那斯那斯嗨，天上什么放光明？那斯那斯嗨

生：第二句那斯那斯嗨，那斯那斯嗨，天上太阳放光明。那斯那斯嗨……

（2）请同学们和老师来玩一个"照镜子"的游戏，并尝试自己用手号视唱课的曲谱。

4/4　 5 5 5 5 6 — | 5 5 5 5 3 — ‖

Sol　La　Mi

5 5 5 5 6 — | 3 3 3 3 2 — ‖

Sol　La　Re

（3）接下来边打手号边唱歌和投影仪里的"小朋友"一起来比赛吧！

4. 学唱歌曲：让我们和牧童一起唱唱跳跳吧！

（1）第一遍请同学们跟着老师的琴用 lu 来接龙唱，当出现"那斯那斯嗨"的地方由同学们唱，其它地方老师演唱。

（2）第二遍请全班同学自由分成问组和答组来一起合作演唱该歌曲。

（3）第三遍请同学们运用手号帮助同学们唱准旋律，体会歌曲气息的自然流畅。

5. 歌曲演唱表现

（1）学生唱完后说说，歌曲的歌词让自己想到或者看到什么样的画面？

（2）《牧童谣》的歌词有什么特点，感受"对唱"在歌曲当中的演唱形式。

（3）《牧童谣》歌词中出现最多的是哪句歌词？让学生了解"衬词"在歌曲中的应用。

（设计意图：通过让学生发现歌曲中歌词的特点，理解"对唱"、"衬词"在歌曲中的应用，以此让学生更好的表现歌曲。）

6. 表现歌曲：大家看牧童邀请同学们去他家做客啦！同学们准备好了吗？自己编动作跟着音乐和牧童一起唱唱跳跳吧！

（1）当唱到第一个"那斯那斯嗨"时双手做喇叭状向左做呼唤的动作。

（2）当唱到第二个"那斯那斯嗨"时双手做喇叭状向右做呼唤的动作。

其它的根据歌词的意思做相应的动作。

（三）拓展延伸

（1）一部分同学演唱，一部分同学做情景律动。

（2）创编歌词：我们和牧童一起唱了歌跳了舞，请同学们想想还可以和谁——唱歌跳舞呢？师引导学生创编歌词。

（设计意图：通过模仿和创编的形式让每一位学生都参与到音乐活动中来，面向全体学生，让音乐属于每一位学生。）

（四）课堂总结

同学们，今天我们学习了一首有关牧童的歌，并且和他做了朋友并和他一起唱了歌了舞，希望同学们能在今后的学习生活中，走出大自然，去领略去发现大自然中的美！（随音乐出教室。）

（执教：深圳市龙岗区平湖鹅溪小学　郭志兵）

第十二课《到这里来享受音乐（二）》

第一课时：

教学内容：

1. 聆听二胡曲《良宵》。
2. 聆听小提琴曲《摇篮曲》。

教学目标：

1. 欣赏二胡曲《良宵》及小提琴曲《摇篮曲》，感受五声音阶的奇妙。
2. 体味《摇篮曲》的风格，感受宁静温柔的情绪，为下一课学习做好准备。

教学重难点：

1. "12356"五个音在乐曲中的听辨。
2. "摇篮曲"风格的感受。

教学过程：

一、导入

1. 小游戏：捉迷藏。

音符小朋友在和我们捉迷藏，他们躲在了小花小树叶……的背后，你能猜出他们分别是谁吗？（老师逐个弹 3 5 6 1 2 这五个音，让学生听猜，并公布答案。）

在学生的帮助下按音高位置排列出这个五个捉迷藏的音符。

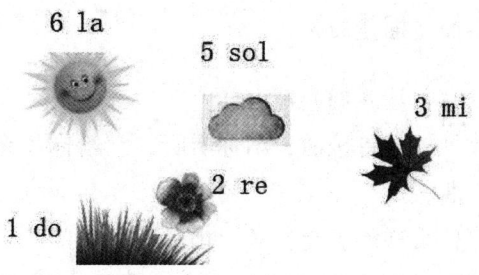

2. 请你跟着老师的琴，边做手号边轻轻唱一唱这几个音。
2/4 1=C 1 2 |3 5 |6 - |6 5 |3 2 |1 - ‖

3. 这是五个神奇的音符，用这五个小音符就能创造出许多好听的歌曲。我国有一首二胡曲叫做《良宵》，它一开始就是由这5个音演奏的，我们一起来听听吧。（板书曲名《良宵》。）

（设计意图：游戏导入，能一开始就抓住学生的兴趣及注意力，通过游戏回顾已学过的音符，并通过形象直观的画面巩固对它们的音高概念。）

二、欣赏二胡曲《良宵》片段

1. 聆听，你能听出这五个神奇的音符是按怎样的顺序出现的吗？
（"3、5、6、1、2"）
这首乐曲是什么乐器演奏的？（出示图片：二胡。）
你能模仿二胡的声音和演奏动作哼唱一下这开头5个音吗？

2. 再次聆听：说一说，这首乐曲展现了怎样的场景？你知道"良宵"是什么意思吗？

3. 乐曲介绍："良"表示美好，"宵"表示夜晚，"良宵"指的就是美好的夜晚的意思。这首《良宵》是由我国著名近现代音乐家刘天华创作的。（出示图片：刘天华照片。）他创作这首乐曲的时候刚好是1928年的除夕，他和学生们一起守岁，心情很高兴，就即兴创作了这首乐曲。

4. 小朋友们是不是也很喜欢过年呢？你觉得这首《良宵》是不是能表现出过年开心的心情呢？我们一起看着过年的画面再来聆听一次吧。（边聆听片段边观看除夕的相关图片。）

（设计意图：通过三遍聆听逐步加深学生对乐曲的印象，从乐曲旋律中的主要音符到演奏乐器的初步认识，从歌曲表现内容的理解到作曲家的认识，最后到歌曲情绪的感受，也为下一首歌曲的欣赏做了铺垫。）

三、欣赏小提琴曲《摇篮曲》

1. 刚才这首《良宵》让我们心情怎样？

现在老师要播放另外一首乐曲，请你听听，它给你什么不一样的感受。

聆听乐曲《摇篮曲》。

2. 这首乐曲给你什么样的感受？（自由发言。）

老师小结：这首乐曲给我们温柔、温暖的感觉对不对？因为这首乐曲的名字叫做《摇篮曲》（板书：《摇篮曲》。），它是由我国另外一位著名的音乐家贺绿汀创作的（出示图片：贺绿汀照片。）。而且这首歌曲也是由"1、2、3、5、6"为主干音创作出来的。

3. 请你再听听，乐曲是用什么乐器演奏的？你能用身体感受一下，这首乐曲的节拍是怎样的吗？

这首乐曲是用小提琴演奏的（出示图片：小提琴。），小提琴的音色很好地表现出了乐曲温柔的情绪。

你听出乐曲的节拍了吗？请你跟随音乐再体会一次。

4. 听音乐，在老师的引导下通过身体律动感受二拍子韵律。

这是一首二拍子的乐曲，我们以前学过哪些歌曲也是二拍子的？

我们学过一些二拍子的欢快有力的歌曲，比如《划船比赛》对不对？现在我们知道了，二拍子的歌曲也有《摇篮曲》这么温柔深情的。

5. 这首《摇篮曲》像不像是妈妈在宝宝身边轻轻哼唱歌曲？让我们再聆听一遍，想一想，你想对妈妈说些什么呢？（边聆听边看母亲和孩子的图片，听完后引导学生自由发言。）

6. 老师小结：妈妈爱我们，我们也爱妈妈，今天回去抱抱你的妈妈，说一声"妈妈我爱你"，好不好？

（设计意图：通过四遍聆听逐步加深学生对乐曲的印象，也为下一课的歌曲学唱做了铺垫。）

四、总结，下课

1. 填空回顾。

乐曲名	作曲家	演奏乐器	乐曲情绪	乐曲中的主要音符有哪些

2.别忘了回家抱一抱亲爱的妈妈，并且争取帮妈妈做一件力所能及的事情，让妈妈开心一下吧。

（设计意图：通过表格式填写回顾本课学习内容，巩固知识印象，并进行亲情引导。）

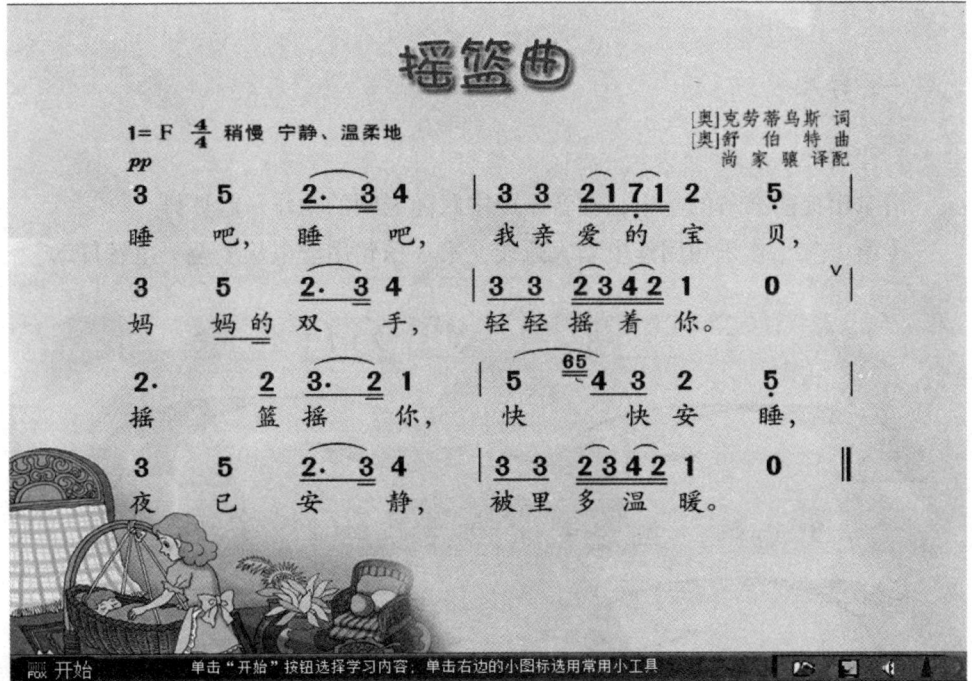

第二课时：

教学内容：

1.学唱歌曲《摇篮曲》。
2.分析歌曲结构。

教学目标：

1.听唱舒伯特的《摇篮曲》，学会用声音表现宁静温柔的情绪。
2.学会分析歌曲的结构并用图示表示。

教学重难点：

1. 歌曲的演唱及表现。

2. 唱好歌曲中的附点音符及十六分音符，注意一字多音、倚音的演唱。

教学过程：

一、导入

1. 律动导入。

请拿出提前准备的丝巾，在音乐声中跟随老师的动作一起挥舞。

（第1、2、4乐句用丝巾划大弧线，第3乐句用丝巾从上至下扭丝舞动）

2. 这首乐曲给你什么样的感觉？（引导学生从情绪、速度、力度等方面进行讨论，自由发言。）

3. 这首温柔的优美的乐曲和我们上节课聆听的一首歌曲有着同样的感觉,它的名字也叫《摇篮曲》,(板书歌名:《摇篮曲》。)今天就让我们一起来学习这首好听的歌曲吧。

(设计意图:通过律动游戏设置情境氛围,将学生带入本课的音乐情绪当中,并通过律动动作设计提前为乐句感受做铺垫。)

二、歌曲聆听

1. 请你扮演爸爸或妈妈,随着音乐的节拍轻轻做拍孩子的动作,感受一下,这首歌曲是几拍子的乐曲。(引导学生边听音乐边用肢体动作感受乐曲节拍。)

还记得上节课的《摇篮曲》是几拍子的吗?今天我们这首摇篮曲是四拍子的乐曲,但是都同样给我们温柔宁静的感觉。

2. 请你拿出小丝巾,再次边挥舞边聆听,听完后说一说,这首《摇篮曲》有几个乐句?(引导学生用丝巾表现歌曲旋律,老师在黑板上画出歌曲旋律线。)

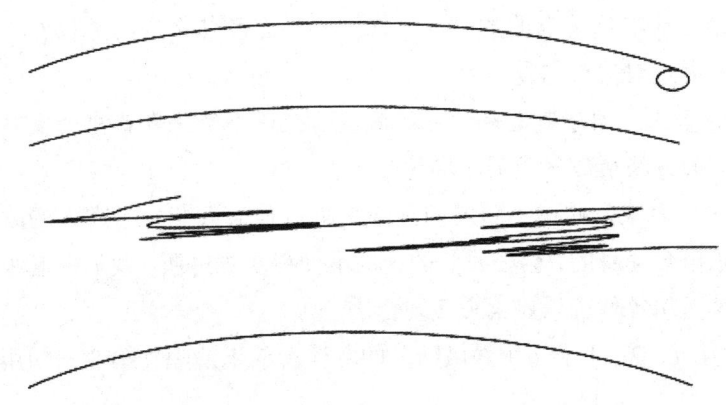

这首歌曲有几个乐句呢?(四个。)

3. 请你仔细听这首歌曲的四个乐句,找一找有什么规律?
你是不是发现第1、2、4乐句非常像?而且第2、4乐句是完全一样的,是吗?
所以我们用这样的字母来表示歌曲的结构:

A A' B A'

4. 在歌曲的背景音乐中,听老师讲一讲这首歌曲的创作故事。(出示图片:作者舒伯特照片等图片,并板书:作者舒伯特。)

(设计意图:在聆听中学习分析歌曲结构,并在多遍聆听中熟悉歌曲旋律,为歌曲学唱做好准备。)

三、歌曲学唱

1. 跟着老师一起按节奏读读歌词，注意节奏和朗读的语气。（注意用上轻柔的语气，也注意附点节奏处的把握。）

说一说朗读的感受："摇 篮 摇 你！"这个附点带给你什么样的感觉？（引导学生尝试读出摇晃的感觉。）

2. 用"en"轻声哼鸣第1、2、4乐句的旋律，注意有区别的地方。

3. 用"u"轻声哼鸣第3乐曲的旋律，模仿老师唱好倚音。

4. 跟琴声轻声演唱歌词，注意附点及一字多音的地方，也注意唱好倚音。（演唱过程中如出现问题，教师要通过引导学生模仿来解决难点。）

5. 引导学生从不同角色的角度来演唱歌曲：

（1）闭上眼睛，想象你是摇篮中的宝宝，轻轻晃动身体，演唱这首歌。

（2）想象你是爸爸妈妈，轻轻拍着孩子或摇着摇篮，演唱这首歌曲哄宝宝睡觉。

6. 小结：演唱这首歌曲的时候，你们心里充满什么样的感情？（引导学生自由发言，表达对父母的爱。）

（设计意图：循序渐进地学习歌曲演唱，逐个解决歌曲中的重难点，并通过不同角色的扮演唤醒孩子们深沉的爱。）

7. 进一步表现歌曲：小朋友们是不是听过普通人变身为超人的故事？其实我们的音乐也会变身的，会在我们的帮助下便得更加好听，我们一起来试试吧。（引导学生运用各种音乐要素来表现音乐。）

（1）第1、2、4乐句用微微断开的非连音效果演唱，第3乐句用连音的效果演唱。

（2）第1、2、4乐句用连音的效果演唱，第3乐句用非连音效果演唱。

（3）第1、2、4乐句用 P（弱声）演唱，第3乐句用 mf（中强力度）演唱。

（4）第1、2、4乐句用 mf（中强力度）演唱，第3乐句用 p（弱声）演唱。

……

（设计意图：通过变换各种音乐要素的搭配组合，让学生感受到不同的音乐表现方法，为他们的再创造能力开启通道。）

四、总结，下课

1. 说一说，今天的音乐课让你有什么收获？

2. 爸爸妈妈为我们付出了很多很多的爱，所以我们也要用很多很多的爱去爱护他们，每天别忘了亲亲他们，对他们说一声我爱你，因为我们都是相亲相爱的一家人。

（设计意图：在总结回顾时注重培养学生的总结与表述能力，这是一种良好的学习习惯。最后进行爱的引导，希望孩子们成为心中有爱的人。）

（执教：深圳市龙岗区教师进修学校　李博）

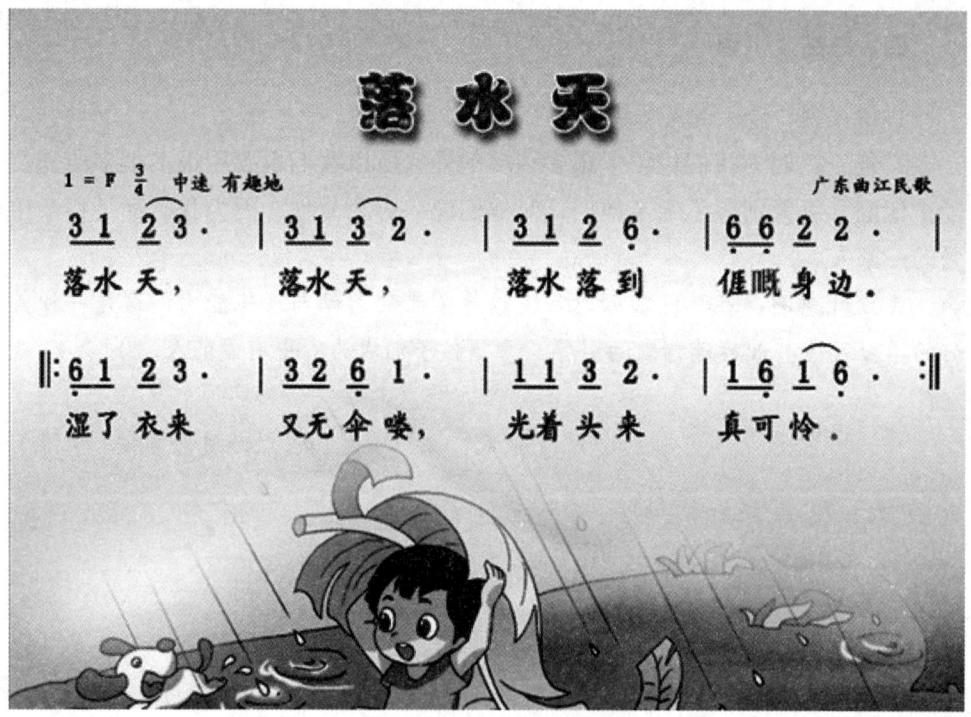

第十三课《落水天》

教学内容：

学唱歌曲《落水天》。

教学目标：

1. 知识目标：巩固 do、re、mi 三个音的音高，学会用客家方言演唱歌曲《落水天》。

2. 情感目标：通过学唱《落水天》，感受广东曲江民歌的风格特点，并用自己的语音来表达歌曲的基本情绪。

3. 能力目标：熟练演唱歌曲的基础上，能用优美的声音演唱歌曲，表达歌曲情感。

教学重点：

把握歌曲情绪，用客家方言演出歌曲。

教学难点：

在歌曲学习活动中巩固"do、re、mi"3个音的音高，并能打手号演唱歌曲中第1、2小节的旋律。

教学过程：

一、导入

1. 今天老师带领同学们一起走进中国客家博物馆参观。（出示中国客家博物馆大门。）客家人遍布世界各地、他们有着吃苦耐劳、勇于拼搏、不断进取的客家精神。现在让我们走进客家博物馆去了解他们吧。

2. 出示"声音密码：客 家 人·好 样 的 ·" 同学们必须跟老师用客家方言把这句声音密码说出来，博物馆的管理员才开启大门让同学们进去参观博物馆。（教学生用客家方言读"客 家 人·好 样 的 ·"并在读的过程中竖起大拇指。）

3. 同学们的语言模仿能力真强啊，一下就学会了客家方言并用声音密码让管理员给大家开启了大门进入了博物馆，下面我们一起进入博物馆了解客家文化（观看博物馆的幻灯片，老师充当讲解员给孩子们讲解客家文化。）

（设计意图：以参观博物馆和学习客家方言的形式激发学生的学习兴趣，为学习歌曲用客家方言演唱做铺垫。）

二、学习歌曲

（一）聆听歌曲范唱

1. 首次聆听歌曲：博物馆真大啊,现在我们去参观客家人居住的房子大围屋，听听大围屋中传来了什么声音？（出示大围屋图片，围屋里传来了歌曲《落水天》范唱。）

2. 二次聆听歌曲：那么动听的歌声是从大围屋里传出来的，让我们一起走进大围屋去寻找唱出这动听歌声的主人吧！（出示圆形大围屋一角）啊，同学们这大围屋像迷宫一样，我们被困在这里了，我们在找找有没有其他路口，（出

示一个小门，门贴旋律：声音密码 3 1 2 3 · ǀ 3 1 3 2 · 请小朋友们打手号唱旋律，你们就会走出去并找到歌声的主人）引导学生打手号演唱旋律，并用琴辅助学生演唱。

3. 三次聆听歌曲：同学们真棒，唱出了美妙的声音密码，开启了小门来到了围屋的大堂。（出示围屋大堂中有一位穿着客家服装的小姑娘在演唱歌曲《落水天》。）

（设计意图：通过参观客家大围屋，设计问题演唱 3 1 2 3 · ǀ 3 1 3 2 · 巩固学生对 1（do）、2（re）、3（mi）三个音的演唱及音高概念的巩固，加深学生对歌曲的记忆。）

（二）出示歌谱，学唱歌曲

1. 出示歌谱，请学生认真聆听歌曲旋律，这首歌曲是由哪个几个音乐组成的。（1、2、3、6 四个音组成。）并讲解唱一唱 6（板书：落水天。）

2. 请学生找出 3 1 2 3 · ǀ 3 1 3 2 · 这两个小节并唱一唱。

3. 老师用双响筒打节奏带领学生用客家话读歌词，引导学生说说歌词的意思。并提示学生客家话"偓嘅"就是"我的"意思。（歌曲描写旧社会孤儿的生活景象，穷孩子碰到下雨天，无伞遮雨，光头淋雨，打湿衣衫十分可怜。）

4. 学生熟悉歌曲后，请学生找出最具有客家方言特色的关键词并读一读（如：湿、衣、无、头等。）

5. 教师用琴伴奏，逐句带唱歌词。

6. 教师用琴伴奏，师生接龙唱。

7. 引导学生用自然优美的声音来演唱歌曲。

（设计意图：通过巩固 1（do）、2（re）、3（mi）三个音、学习用客家话读歌词、讲解歌词，师生轮唱等方式来激发学生的学习兴趣，从而学会演唱歌曲。）

（三）加入乐器为歌曲伴奏

小朋友你们的歌声真动听啊，为了更好的表现歌曲，请同学们在凳子下面拿起老师给大家准备的小乐器三角铁，根据老师出示的节奏给歌曲伴奏。

三角铁：3/4 X - - ǀ X - - ǁ

（设计意图：在学生学会演唱歌曲后，加入小乐器给歌曲伴奏再次激发学生的学习兴趣，加强学生对音乐的记忆及表演能力的提高。）

三、总结

1. 同学们今天我们参观了哪个博物馆啊？（中国客家博物馆。）

2. 学会了什么方言？（客家方言。）

3. 用客家方言学会了什么歌曲？（歌曲《落水天》。）

4. 老师希望我们的小朋友能像客家人一样有着吃苦耐劳、勇于拼搏、不断进取的客家精神。今天的课上到这里，下课。

（执教：深圳市龙岗区兴泰实验学校　宁茜茜）

第十四课《唱唱，跳跳》

第一课时：

教学内容：

1. 学唱歌曲《娃哈哈》。
2. 歌舞乐表演《娃哈哈》。

教学目标：

1. 知识目标：能用明朗活泼的情绪演唱歌曲《娃哈哈》。掌握新疆音乐独特的前八后十六分音符节奏：X XX，能用乐器为歌曲伴奏。

2. 情感目标：通过对歌曲《娃哈哈》的学习，让学生学习我国优秀的民族音乐，使学生更加热爱我国深厚的传统音乐文化，以增强民族自强意识，培养爱国主义情操。

3. 能力目标：通过音乐活动，调动学生的参与意识，培养节奏感和创造力，加深对歌曲风格的理解，在参与各种音乐实践活动中，随音乐边唱边跳，感受新疆维吾尔族的歌曲魅力。

教学重点：

1. 歌曲《娃哈哈》的学唱。
2. 维吾尔族舞蹈律动风格的体验。

教学难点：

1. 前八后十六分音符节奏 X XX 的感受。
2. 通过听、唱、创编、表演等多种综合艺术手段表现《娃哈哈》。

教学过程：

一、新课导入

1. 节奏导入：

X XX　X X |

同学们　你 好

X XX　X X |

老师呀　您 好

（设计意图：通过节奏问好，既能调动学生的参与热情又能让学生掌握本课的重点节奏，为歌曲学习打基础。）

2. 认识新疆：

（1）猜朋友

教师播放音乐片段（我叫土伊拉，生在天山下，从小爱爬山呦，采来雪莲花。），并出示图片。（穿新疆维吾尔族衣服的小朋友图片。）

（2）新疆维吾尔族介绍

a. 请学生根据自己的生活经验来说说自己对维吾尔族的了解。

b. 教师多媒体播放《维吾尔族风情》，根据学生的回答补充介绍维吾尔族：

新疆维吾尔族的风土人情（放图片介绍）地理位置：新疆位于我国的大西北，地域辽阔，驰名中外的葡萄沟位于吐鲁番盆地，是我国最大的葡萄生产基地。民族乐器很多，如：冬不拉、热瓦甫、达普鼓（维吾尔族手鼓）等。羊肉串是维吾尔族的传统小吃，在新疆维吾尔、乌兹别克等民族地区，逢年过节，婚丧娶嫁的日子里，都必备手抓饭待客。维吾尔族信封伊斯兰教，主要宗教节日有："库尔班"节、肉孜节（开斋节）、白雪节等。导入课题：儿歌《娃哈哈》。

（设计意图：根据低段学生的年龄特点，首先从视觉上对新疆有所了解，提高学生学习的兴趣。）

二、新课教学

1. 新歌学唱

（1）聆听歌曲《娃哈哈》。

聆听歌曲，思考：歌曲的情绪如何？（播放音乐）——板书课题：娃哈哈。

（2）听唱歌曲（放音乐）。

小声跟唱，并思考：歌曲的速度如何？（较快。）

（3）老师放慢速度演唱，学生找一找有没有刚才问好的节奏？

（4）认识新的节奏型。

前八后十六分音符节奏：X XX　读法：ti dili

学生读一读，拍一拍。

（5）找一找、看一看。

整首歌曲出现最多的节奏型。

（6）节奏读歌词。

（7）学唱歌曲。

1）放范唱歌曲，学生小声跟唱。

2）并找出音乐符号：反复记号 ‖:　:‖。

3）跟琴演唱歌曲。

4）原速齐唱歌曲。

2.歌曲表现

1)老师分别用两种方法演唱歌曲,学生找一找哪一种更适合表现歌曲情绪？

第一种跳跃欢快，第二种连贯抒情。

2）师生一起用欢快跳跃的情绪演唱歌曲。

3）难点处理：前八后十六分节奏不太明显：教师用钢琴分句重点练习。

4）完整演唱。（学生拍手，边拍边唱。）

（设计意图：通过学生自己的感知，从重难点的节奏出发，一步步学会歌曲，并能掌握歌曲的风格特点。）

三、巩固拓展

1.出示节奏卡片，师生一起拍手练习。

2/4 X X X X ｜X X X X ｜X X X X ｜X X X X ‖
　　 X　0 ｜X　0 ｜X　0 ｜X　0 ‖
　　 X　X ｜X　X ｜X　X ｜X　X ‖

2.每组学生发放一种乐器，学生自己找到适合乐器伴奏的节奏型。（沙锤、铃鼓、双响筒。）

3.分组演奏。

4.播放歌曲，学生一起合奏。

5. 请几个学生演唱歌曲，其他学生合奏，老师跳新疆舞。

6. 邀请几个学生跳简单的新疆舞动作，其余学生一半演唱歌曲，一半演奏乐器。

（设计意图：通过歌舞乐的表现使学生对新疆民歌的风格特点更加了解，体会更加深刻。）

四、总结下课

（执教：深圳市龙岗区坂田爱爱学校　赖小风）

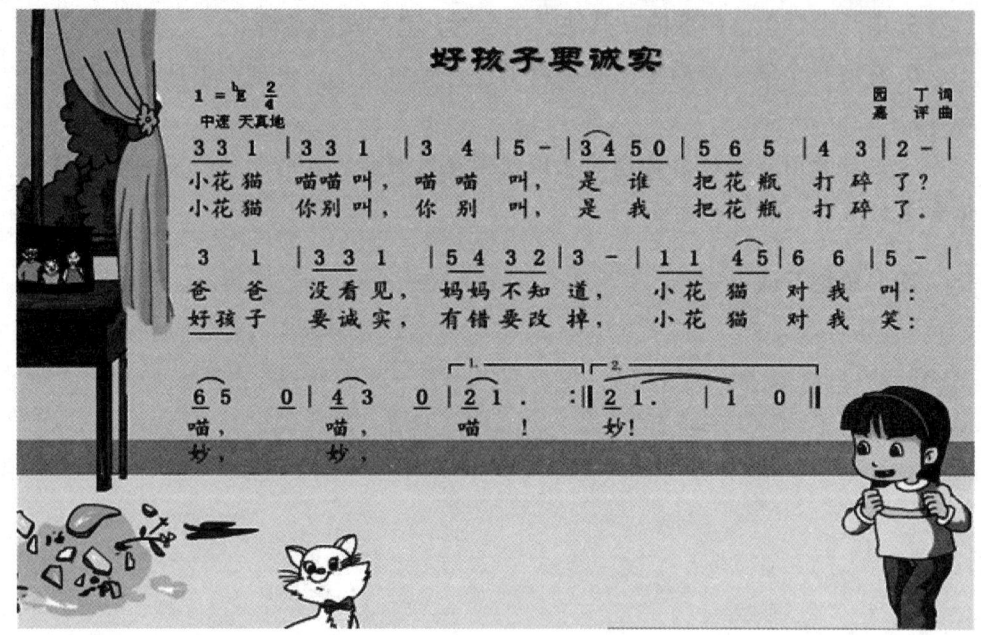

第十五课《我要做好孩子》

第一课时

教学内容：

1. 学唱歌曲《好孩子要诚实》，在学唱当中感受4（fa）的音高概念。

2. 通过学唱歌曲《好孩子要诚实》，教育学生说话要诚实，有错就改。指导学生用自然的声音歌唱。

教学目标：

1. 知识目标：学唱歌曲《好孩子要诚实》，在学唱当中感受4（fa）的音高概念。

2. 能力目标：能在歌曲第一段的"喵，喵，喵，"与第二段结束的"秒，秒，秒，"两个地方运用合适的方法去表现歌曲内涵。

3. 情感目标：指导学生用自然的声音演唱，并让学生们知道，诚实的孩子才是好孩子。

教学重难点：

1. 学唱歌曲《好孩子要诚实》。
2. 4（fa）的音高概念。

教学过程：

一、师生问候

二、课前游戏

（一）音高巩固

1. 老师带领学生一起复习唱准 La sol mi re do 五个音。
2. 老师做手号学生唱音名。

（二）旋律预热

1. 老师用"u"哼唱短小的旋律，学生模仿。

  2/4 3 1 | 3 1 | 3 — | 5 — ‖
  2/4 6 5 0 | 3 3 0 | 2 1 · ‖

2. 老师用"u"哼唱旋律，学生根据老师的手号唱出音名。

师：2/4 3 1 | 3 1 | 3 — | 5 — ‖

生：2/4 mi do | mi do | mi – | sol — ‖

师：2/4 6 5 0 | 3 3 0 | 2 1 · ‖

生：2/4 La sol | mi mi | re do ‖

（三）fa 音导入

将 fa 的手号加入当中，学生从旋律中找到 fa，到模唱学习 fa 的准确音高和手势。

2/4 3 1 | 3 1 | 3 4 | 5 — ‖
2/4 6 5 0 | 4 3 0 | 2 1 · ‖

（设计意图：通过音高巩固和旋律预热的环节让学生在不知不觉中哼唱出《好孩子要诚实》的旋律，不但巩固 do re mi sol la 这几个学过的音符，而且循

序渐进的学习 fa 音。）

三、聆听《好孩子要诚实》

1. 老师有感情地范唱歌曲，学生听完后讲一讲歌曲的故事。

2. 老师引导学生理解歌曲第一段结束的"喵，喵，喵"与第二段结束的"妙，妙，妙"这两个地方小花猫的心理活动微妙之处。

引导学生知道：第一段表现小花猫看到花瓶碎了很沮丧的样子，我们该如何处理？第二段表现小花猫因为小朋友勇于承认错误而高兴，所以开始了的"妙，妙，妙"笑声。

3. 老师带入两个力度记号，用渐弱表现难过、沮丧的神情；用渐强表示高兴、得意、赞赏的神情。

4. 让学生在两个结束句处创编自己的动作。

5. 师生合作，教师演唱前面部分的歌词，学生表演并演唱最后一句"喵喵喵、妙妙妙"，表现出两段歌词不一样的情绪。

（设计意图：教师巧妙得运用表情、力度、语调来演唱两个结束句，调动学生的激情演绎和创编能力。在两个结束句中渗透并让学生知道，诚实的孩子才是好孩子。）

四、演唱《好孩子要诚实》

1. 学生完整的演唱歌曲。

2. 教师演唱并用手号把歌曲的音高表现出来。

3. 教师哼唱旋律让学生唱出唱名。

4. 在强弱，快慢对比中学习歌曲。

5. 休止符游戏。（其中一个音不唱出声音，用休止符代替。）

（设计意图：引导学生通过认真聆听渐渐形成并巩固对音高的概念，在感知中寻找出正确的音高；用休止符游戏培养学生的内心听觉，从而训练内心听觉。）

五、唱唱编编

1. 表演唱。（自由设计演唱形式。）

① 对唱。

② 一领众和。

2. 打击乐器伴奏。（任意挑选乐器。）

① 小组表演。3~4人伴奏，1~2人演唱。
② 整体表演。5~8人伴奏，其他同学演唱。
3. 集体表演。（师生共同参与。）
学生自分两组，合唱、器乐。
（设计意图：对歌曲的认识，把故事情节、思想感情、歌曲旋律等用声音、身体、乐器等方式演绎出来。激发学生创作的灵感及表现的欲望，让他们从创作过程和自由表现中体会自身价值和成就感。）

六、总结下课

第二课时：

教学内容：

1. 能用自然的声音和合适的力度演唱歌曲《小鼓响咚咚》，表现结束时"咚咚咚""懂懂懂"两个地方的含义。
2. 掌握"f p"两个力度记号，并运用到演唱中。

教学目标：

1. 知识目标：学唱歌曲《小鼓响咚咚》，掌握"f p"两个力度记号，并运

用到演唱中。

2. 情感目标：能用自然的声音和合适的力度演唱歌曲，表现结束时"咚咚咚""懂懂懂"两个地方的含义并教育学生怎么做一个懂礼貌的好孩子。

3. 能力目标：引导学生理解歌曲内容，在此基础上，用欢快甜美的歌声演唱歌曲，表现儿童天真可爱的童趣。让学生在玩中学、玩中听，在玩中感受音乐的美感，培养学生的创造力。

教学重难点：

1. 学唱歌曲《小鼓响咚咚》。
2. 掌握"f p"两个力度记号，并运用到演唱中。
3. 复习并巩固三拍子的强弱规律。

教学过程：

一、师生问候

二、课前游戏

1. 节奏回声
老师用三拍子的稳定拍进入音乐状态，学生背对老师节奏回声。

3/4 X X X | X X X ‖

3/4 X X X | X X – ‖

3/4 XX X X | XX X – ‖

3/4 XX X .X | XX X – ‖

（设计意图：将歌曲的主要节奏通过游戏的方式导入，营造轻松愉快的学习氛围，从而有目的有计划的集中学生的注意力，集中课堂；通过学生背对教师的节奏回声训练学生的听觉记忆。）

三、新课学习《小鼓响咚咚》

1. 教师有感情地范唱歌曲，学生带着问题听歌曲的故事。

A. 请学生认真聆听，听听发生了什么有趣的故事。

B. 教师引导学生感受歌曲第一段是神气的小鼓，第二段是懂事的小鼓。

2. 听听　奏奏

A. 引导用小鼓演绎两种不同性格的小鼓，从而引出两种力度记号"f p"。

B. 设计固定节奏让学生尝试在小鼓上敲出：

3/4 XX X X | XX X - ‖

3. 听听 演演

注意提醒学生强弱处理，第一段可以用 f 的力度，尤其在"咚咚咚"处，要用重音记号演奏，表现小鼓得意快乐的神情。在第二段用 p 的力度，结束处的"懂懂懂"3个字渐弱，表现小鼓明白主人的意思，懂事听话的神情。

（设计意图：通过安静聆听训练学生的内心听觉；并通过乐器的演奏调动学生的积极性，演奏并巩固了 f p 两个两个力度记号。）

4. 听听 唱唱

A. 学生模唱第一段"我说小鼓响三声"和第二段"我说小鼓响别响了"这两句是整首歌曲中音最高的地方，教师注意引导学生有准备的、有方法的演唱。大附点的那一句对于学生来说比较难，可让学生多模唱。

B. 可以通过师生对唱、分组演唱、接龙演唱、加入小鼓伴奏等多种方式演唱歌曲。

C. 注意引导学生在音乐中用强弱来表现，知道歌曲演唱时声音也要有力度变化。

5. 唱唱 演演

A. 引导学生复习并巩固三拍子的节奏感。

B. 拍一拍，唱一唱。

（设计意图：通过拍手的游戏让学生集中到音乐中，将节奏与歌唱相结合，从而巩固三拍子的强弱规律。）

四、拓展

1. 介绍、了解其他鼓（教师展示四川的威风锣鼓、朝鲜长鼓、南美康加鼓、瑶族长鼓的图片给学生看。）

2. 欣赏鼓乐

（设计意图：拓展部分，拓宽了小朋友的知识面，认识更多的不同的鼓。）

五、用歌声和小鼓说再见

（执教：深圳市龙岗区东升学校 庄婷婷）

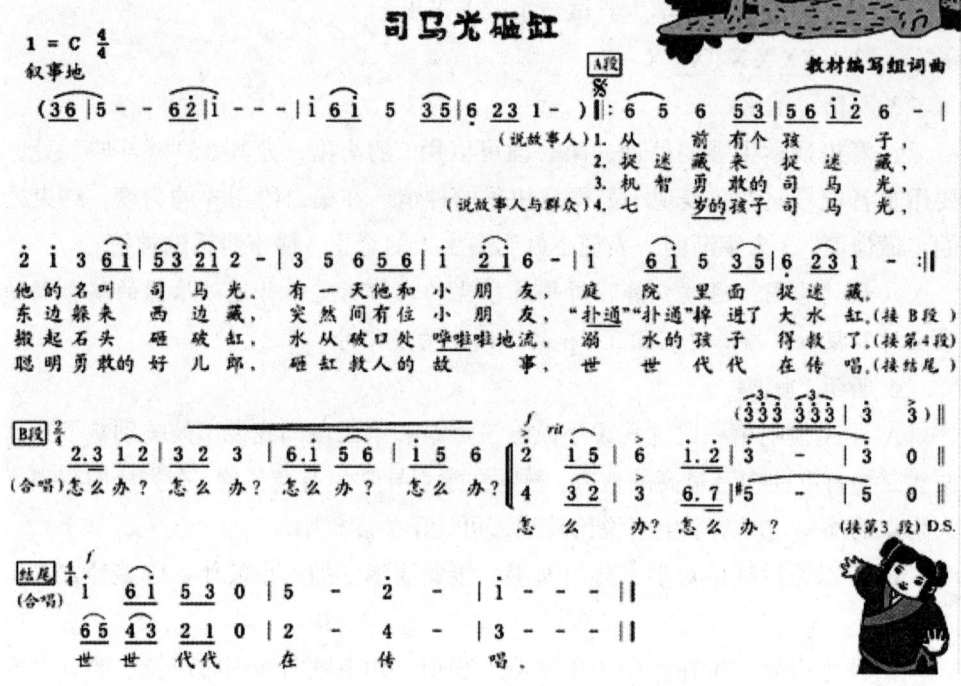

第十六课《看画听歌——司马光砸缸救人的故事》

教案之一：

教学内容：

1. 听唱歌曲《司马光砸缸》。
2. 选择小乐曲为歌曲伴奏。

教学目标：

1. 知识目标：通过欣赏歌曲，能找出歌曲中表现最为紧张的一句歌词，并能用恰当的情绪演唱歌曲。
2. 能力目标：运用听唱歌曲、乐器伴奏、角色扮演等多种手段表现歌曲故事情节。
3. 情感目标：在儿童歌舞剧的表演中学习司马光足智多谋的品质，感受合作探究的愉悦。

教学重难点：

1. 小组合作表演小小音乐歌舞剧《司马光砸缸》。
2. 协调各小组有序参与各项综合活动，帮助各小组合作学习。

教学过程：

一、故事导入

同学们，今天老师要跟大家讲一个小故事，大家想听吗？今天给大家讲的这个故事的主人公名字叫做司马光。就在司马光七岁的时候，有一次，跟小伙伴们在后院里玩耍。院子里有一口大水缸，有个小孩爬到缸沿上玩，一不小心，掉到缸里。缸大水深，眼看那孩子快要沉没到水底下去了。别的孩子们一见出了事，吓得边哭边喊，跑到外面向大人求救。司马光却急中生智，从地上捡起一块大石头，使劲向水缸砸去，"砰"的一声，水缸破了，缸里的水流了出来，被淹在水里的小孩也得救了。

同学们，你们听了这个故事，有什么感想吗？

（学生各抒起见，举手回答！）

小小的司马光遇事沉着冷静，用自己的智慧救了自己的好朋友。这就是至今广为流传的司马光砸缸救人的故事。那么下面，老师想请同学们一起来欣赏一段动画，一起来感受一下司马光砸缸救人的惊险时刻，大家准备好了吗？（教师播放《司马光砸缸》的动画片段。）

二、新课教学

1. 听听、唱唱

①播放带有动画的叙事歌曲《司马光砸缸》（动画剪辑整个故事的过程，暂不播放对司马光的行为进行评价的片段）。

②同学们，大家觉得惊险吗？（惊险）

大家觉得哪一句最能表现出大家的紧张？

（怎么办，怎么办，怎么办，怎么办，怎么办，怎么办？）

大家为什么觉得这一段给人一种紧张感呢？请大家仔细再感受一遍！

（播放这一部分）找到这一句歌词的音乐特点的变化：速度（从快到慢）、

旋律（从低到高）、情绪（越来越紧张）。

③下面老师来唱叙事的部分，同学们来演唱紧张的部分，在演唱的过程中，大家可以用表情或者动作告诉老师，你们遇到这样的事情是怎样的一个反映？

同时也请大家注意老师的演唱变化。

④老师播放音乐伴奏，与学生一起进行演唱。（让学生反复的实验几次，感受不同的情感。）

2. 敲敲、听听

①老师拿出三角铁、木鱼、响板、手摇铃、铃鼓等乐器，请学生分别说出这些乐器的名字，老师介绍学生不认识的乐器名称。

②请部分学生敲击这些打击乐器，听听音响效果，并能选择在歌曲的不同场景用合适的乐器伴奏。将学生分小组，邀请小组进行表演，并授予"小乐手"称号。

3. 学生表演儿童歌舞剧《司马光砸缸》

① 分配角色：学生讨论共有哪些角色并自由分配角色。

（司马光、小伙伴、大水缸、假山、树木。）

②思考台词：哪些情节需要台词。

（玩游戏时、小伙伴溺水时、小伙伴得救时。）

③小组合作动作表演水缸、假山、树木等景物。

（手拉手成圆圈形成水缸、几位学生摆成不同造型饰演假山。）

④通过自评、互评让学生评价表演结果，鼓励学生积极参与表演活动。

三、总结评价

1. 同学们，今天我们一起学习聆听了司马光砸缸救人的故事，从中你们学到了什么呢？（司马光遇到事情，没有紧张着急，而是沉着冷静的想办法解决事情）

2. 我们为司马光的机智点赞，那么老师也希望同学们能和司马光一样，遇到事情不紧张，沉着冷静，做一个善于思考、善于动脑的学生。

（执教：深圳市龙岗区贤义外国语学校　杨菲）

第十六课《看画听歌——司马光砸缸救人的故事》

教案之二：

教学内容：

1. 学唱歌曲《司马光砸缸》。
2. 创编歌曲。

教学目标：

1. 知识与技能：能用自然的声音有表情的演唱歌曲。
2. 过程与方法：通过看、听、寻、配、演、想等活动进行探索和合作，感受和表现不同的音乐形象。
3. 情感态度与价值观：寓思想教育于故事，让学生懂得遇到意外的事情要冷静、机智、勇敢。

教学重难点：

1. 通过学习《司马光砸缸》这首歌，培养学生的创造性和合作性。
2. 为歌曲《司马光砸缸》配乐和表演。

教学过程：

一、导入新课

1. 图片导入
在黑板上提出4幅主要故事图片：
（1）小朋友在院中捉迷藏；
（2）"扑通"，一个小孩掉进大水缸；
（3）司马光机智地搬起石头，用力地砸向水缸；
（4）砸破水缸，溺水的小孩得救了。

 一年级的音乐课

谁能根据黑板上的图片给老师讲一讲故事啊？

你们知道吗，这个有趣的故事被作曲家编成了一首动听的歌曲，你们想听吗？

2.出示课题《司马光砸缸》

（设计意图：通过图片讲故事的形式，既可以激发学生的学习兴趣，又可以发挥学生的自主性，同时能让熟悉歌曲的歌词。）

二、聆听歌曲

1.初听歌曲

播放歌曲《司马光砸缸》，完整地听一遍，让学生了解司马光砸缸救人的全过程。

2.复听歌曲

提问：找出歌曲中表现最紧张的一句歌词（怎么办？怎么办？），并说一说，歌曲是怎么表现这个歌词的？（提示学生从节奏、情绪上分析。）

3.再一次聆听歌曲，请学生思考，歌曲的情绪是不是从头到尾都是一样的，如果不是，有什么变化呢？（分为两部分：第一部分比较平缓、抒情；第二部分比较急切、紧张。）

（设计意图：通过反复聆听音乐可以让学生熟悉歌曲的旋律。以提问的方式聆听既可提高学生的注意力还可以发挥学生的想象力。）

三、学习歌曲

1.出示歌曲中较难的旋律与歌词

2.3 12 | 32 3 | 6.1 56 | 1 5 6 |
怎　么办? 怎么办? 怎　么办? 怎么 办?

让学生有节奏的朗读该句歌词。（提示学生在附点部分要拖得稍长。）

学生在学唱该句的时候，告诉学生要用急切，紧张的情绪演唱。（提示学生上课时你的课本不见了，你是什么样的心情？）

2.学唱歌曲

学唱A部分：

听一听，你觉得这像什么声音？唱了几遍？

跟音乐轻轻唱一唱（听A第二遍）；

放慢速度跟琴唱一唱；加速唱；

（提醒学生用平缓抒情的声音演唱。）

学唱 B 部分：

a. 师用琴教唱旋律。

b. 师唱谱生唱词。

c. 生跟琴演唱歌词。（提醒学生大附点的部分要唱准。）

d. 生齐唱 B 段。

（提醒学生要用紧张、焦急的情绪演唱该段。）

（设计意图：通过两段对比学习，能让学生更好的理解歌曲的情绪，同时降低歌曲的难度，提高学生的学习积极性。）

四、为歌曲配乐

1. 出示小乐器：三角铁、木鱼、响板、蛙筒、双响筒、铃鼓、钹、小鼓，请学生分别说出这些乐器的名称。请部分同学敲击这些乐器，听听这些打击乐器的音响效果，并说出来。

2. 为歌曲配乐，板书七段故事情节：

（1）介绍司马光；

（2）小朋友在捉迷藏；（木鱼、手板、蛙筒、双响筒）

（3）一个小朋友"扑通"掉进大水缸；（小鼓）

（4）怎么办？怎么办？

（5）司马光搬起石头砸向水缸；（钹）

（6）砸破水缸，溺水的小孩得救了；（三角体、铃鼓）

（7）人们夸奖司马光是个聪明、勇敢的好儿郎。

学生分组，各小组根据乐器的音响效果为歌曲创编配乐（师提示出示几组节奏，请学生自己为歌曲选择节奏配乐）。

① 2/4 X X X X | X X X X |

② 2/4 X　　X | X　　X |

③ 2/4 XXXX XXXX | XXXX XXXX |

④ 2/4 X　 — | X　 — |

3. 完整播放歌曲，各小组根据自己创编的内容配合歌曲在相应的段落用小打击乐器为歌曲进行配乐。

五、表演及评价

1. 学生根据故事角色的要求,即兴创作表演动作。学生以小组为单位进行合作创编,教师引导学生进行角色分配,可以用形体的组合设计背景的物体,如:两个人手臂沈伸高手指相碰,做个房子的造型;几个人双手伸开向外打开做大树的造型;几个人手拉手做水缸的造型等等。让这些扮演实景的洞穴和哥哥人物角色相互配合,同时还请几个同学用小乐器为歌曲伴奏。

2. 通过自评、互评让学生评价表演,鼓励学生积极参与表演活动。

3. 教师评价,针对本节课学生的表演给予积极的评价,同时对本堂课表现积极、优秀的同学与小组给予奖励。

(设计意图:通过创编节奏、歌曲配乐与表演,既能培养学生的创造能力也能培养学生之间的合作与沟通能力,通过积极的评价与表演奖奖励,可以让学生获得满足感与成功感。)

(执教:深圳市龙岗区扬美实验学校 黄飞)

【写在后面的话】

李博

  本书撰写耗时 9 个月余，经历了初稿、修改、复审、校对等几轮繁琐的过程，终于迎来了诞生。本书包含大家对一年级音乐课教学的感想和花城版一年级音乐教材（上下册）50 余篇教案设计，是名师工作室一次大规模集体研修探讨活动后的产物，也是一次系统的经验梳理，还是一次专门针对小学一年级音乐教学心得体会的总结。通过本书的撰写，大家有所交流、互相学习，所有工作室成员都有了对教学方法更进一步的认识，也对花城版教材有了更深层次的了解。在此，希望通过本书的出版能够更加激发本工作室成员的学习热情，激励大家的成长，也希望有更多的老师能从本书中有所收获，端正认真严谨的教学态度，养成擅于思考勤于总结的教学习惯。

  在此，附上所有参与撰写本书的老师的名单，感谢大家的辛勤付出。他们是：李博、林建珍、吴西影、陈凤、洪玉、黄裕迪、张锐、杨菲、段蓉、李敏、宁茜茜、刘怡诗、郭志兵、沈鸰、蒋俊、罗珍梅、王晓明、陈剑、万增富、唐慧、陆长香、周芳、赖小风、向艳、庄婷婷、王贵海、马新力、张婧雯、黄珑、黄飞、吴洁、张育静。

  最后感谢所有一路关心我们的领导，支持我们的同行，感谢所有阅读这本书的朋友。愿孩子们在我们的课堂中感受快乐，真正拥有体会美、表现美、创造美的能力。在音乐的道路上，我们互相陪伴，且行且歌！

于二〇一七年十二月八日